Fußball

und sonst gar nichts!

Andreas Schlüter, geboren 1958, lebt und arbeitet in Hamburg und auf Mallorca. Bevor er mit dem Schreiben von Kinder- und Jugendbüchern begann, leitete er mehrere Jahre Kinder- und Jugendgruppen und arbeitete als Journalist und Redakteur. Seit 1996 ist er hauptberuflich Schriftsteller. Aus seiner Feder stammen zahlreiche Serien und Einzeltitel für Kinder und Jugendliche, u. a. auch die Erfolgsserie „Level 4, Stadt der Kinder“. Ebenfalls im Carlsen Verlag erschienen sind die Fortsetzungen „Fußball und noch viel mehr!“ und „Fußball und die ganze Welt kickt mit!“.

Irene Margil ist gelernte Fotografin. Sie arbeitete mehrere Jahre in der Sat.1-Fußballredaktion und machte eine Ausbildung zur Lauftherapeutin. Sie läuft nicht nur gerne, sondern schreibt auch sportliche Kinderbücher.

Andreas Schlüter
Irene Margil

FUSSBALL UND SONST GAR NICHTS!

Mit Bildern von Markus Grolik

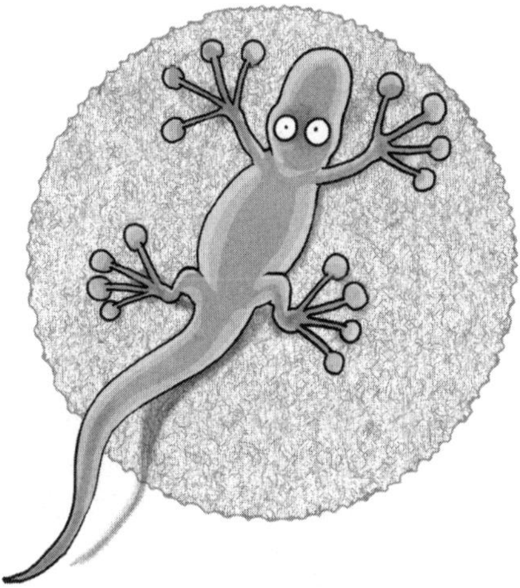

CARLSEN

Der Carlsen Verlag widmet sich im Jahr 2010, dem Jahr der Fußballweltmeisterschaft in Afrika, einem ganz besonderen Projekt. Der Carlsen Verlag wird einen Beitrag dazu leisten, damit Kinder in Afrika eines ihrer Grundrechte wahrnehmen können: ihr Recht auf Bildung! Denn auch im Jahr 2010 erhält dort jedes dritte Kind keinen Unterricht.

Ende 2004 startete UNICEF gemeinsam mit der Nelson Mandela Stiftung und der Hamburger Gesellschaft zur Förderung der Demokratie und des Völkerrechts die Aktion „Schulen für Afrika", um Kindern in Afrika eine Grundbildung zu geben. Der Carlsen Verlag macht mit und wird es ermöglichen, eine Schule in Angola zu bauen. Mehr über diese Aktion gibt es auf www.carlsen.de/verlag/pixischule oder auf www.schulenfürafrika.de.

FSC
Mix
Produktgruppe aus vorbildlich bewirtschafteten Wäldern und anderen kontrollierten Herkünften
Zert.-Nr. SGS-COC-001940
www.fsc.org

Veröffentlicht im Carlsen Verlag
2 3 4 12 11 10

Umschlagbild: Markus Grolik
Umschlaggestaltung: formlabor
Corporate Design Taschenbuch: Dörte Dosse
Druck und Bindung: GGP Media GmbH, Pößneck
ISBN 978-3-551-35924-7
Printed in Germany

ENDLICH SPIELEN! 5

„Spitze! Endlich! Klasse!“ Niklas ist ganz aus dem Häuschen. Soeben hat ihm sein Trainer versprochen, ihn beim Freundschaftsspiel am nächsten Sonntag von Beginn an einzusetzen!

„Dann kannst du zeigen, was du draufhast“, hat der Trainer noch gesagt. „Beim Freundschaftsspiel kann Freddy auch pausieren und auf der Ersatzbank sitzen. Das wird ihm mal ganz guttun.“

Freddy? Auf der Ersatzbank? Hatten das die anderen auch gehört?

Nein, natürlich nicht. Denn die anderen spielen ja. Wie immer. Nur Niklas sitzt auf der Ersatzbank. Auch wie immer. Seit sechs Wochen ist er jetzt schon in diesem Verein. Sechs Mal saß er nur auf der Bank und musste zusehen, wie die anderen spielten.

Aber nächsten Sonntag ist er an der Reihe. Niklas kann es noch immer nicht glauben. Ist das wirklich wahr? Freddy, ihr bester Spieler und Mannschaftskapitän, soll auf die Bank und er für ihn aufs Spielfeld? Nichts hatte Niklas sich sehnlicher gewünscht!

„Aber nächste Woche musst du dann auch besonders gut trainieren!“, ruft ihm der Trainer noch zu.

Na, und ob! Das muss man Niklas nicht zweimal sagen. Er wird mit Haut und Haaren dabei sein. Volle Konzentration. Und wie!

So wie jetzt. Gespannt und mit nun noch größerer Aufregung verfolgt Niklas das Spiel seiner Mannschaft.

Da! Diesem Ball muss man doch sofort hinterher! Niklas hüpft direkt ein bisschen in die Luft, als er das denkt, weil er nicht loslaufen darf. Gefangen am Spielfeldrand.

Da warte ich doch gar nicht! Da gebe ich Gas und renne, so schnell ich irgendwie kann.

Doch niemand aus seiner Mannschaft rennt dem Ball hinterher, der langsam ins Aus trudelt. *Den hätte ich locker bekommen! Warum ist niemand gerannt?*

Niklas versteht das nicht. Nächste Woche, da wird er zeigen, wie man sich so einen Ball noch holt!

Der Ball rollt über die Linie. Die gegnerische Mannschaft darf einwerfen. Und wieder geht niemand hin! Niklas fasst sich an den Kopf und rauft sich die Haare. Sieht denn niemand, dass Rudi vor dem Tor völlig frei steht?

Rudi, ihr bester Stürmer! Nicht nur wirklich torgefährlich, seine Tore sind außerdem meistens auch noch wunderschön. Sogar ein Tor mit einem echten Fallrückzieher hat Rudi schon mal geschossen. Niklas hat das mit eigenen Augen gesehen.

Zu Rudi also müsste man den Ball jetzt schießen! Findet Niklas. Aber niemand aus seiner Mannschaft schnappt sich den Ball, um Rudi anzuspielen. Und Niklas kann nichts tun. Nur sitzen und zuschauen.

In seinen Füßen und Beinen kribbelt es. Ein ganz besonderes Kribbeln ist das. Es taucht immer auf, wenn er mitspielen will, aber nicht darf. Auf der Bank sitzen kann er schon längst nicht mehr. Viel zu stark ist das Kribbeln. Niklas hüpft und springt aufgeregt am Spielfeldrand herum. Sein rechter Fuß zuckt. Gerade hat er den Ball aus vollem Lauf Rudi genau vor die Füße gespielt. Aber leider nur in Gedanken.

Seine Mitspieler haben sich nun endlich den Ball erobert und laufen nach vorn Richtung Tor. In Gedanken läuft Niklas mit, legt einen kleinen Sprint ein und rennt blitzschnell nach vorne. In Wahrheit tippelt er am Spielfeldrand nur auf der Stelle. Aber am nächsten Sonntag wird er richtig mitlaufen. Endlich!

Jetzt hat Freddy den Ball. Das ist gut. Freddy ist ihr bester Mann. Ein Ballkünstler. Ein Dribbler.

Und ein Angeber.

Denn Freddy gibt den Ball nicht ab, obwohl Rudi wieder wunderschön frei steht.

Freddy dribbelt.

Gib ab!, denkt Niklas.

Freddy dribbelt.

Warum spielt er den Ball nicht endlich weiter?, fragt sich Niklas.

Noch steht Rudi frei. Aber jetzt hat ihn ein Abwehrspieler schon entdeckt und macht sich auf den Weg.

„Hier! Hier!" Rudi hat gemerkt, dass er gleich nicht mehr frei stehen wird, und wedelt aufgeregt mit den Armen, um sich bemerkbar zu machen.

Aber Freddy scheint keine Augen und Ohren zu haben. Freddy dribbelt.

Niklas ist kurz vor dem Zerplatzen. *Mann, gib ab!*

Genau das ruft nun auch Rudi verzweifelt: „Mann, gib ab!" Aber der Ball klebt an Freddys Fuß. Ungestört von gegnerischen Spielern führt er seine Tricks am Ball vor. Sehr gekonnt, aber jetzt ist keine Zeit für überflüssige Tricks. Rudi könnte alleine durchgehen und ein Tor schießen. Aber Freddy will unbedingt seine Kunststücke vorführen.

Niklas hält es nicht mehr aus.

„Warum gibst du denn nicht ab, du Blödmann?" , schreit er aufs Feld.

Der Trainer geht sofort dazwischen: „Halt den Mund, Niklas! Niemand außer mir brüllt hier was aufs Spielfeld, verstanden?"

Niklas zuckt erschrocken zusammen. Er sagt nichts mehr und geht sogar zwei, drei Schritte vom Spielfeldrand zurück. Natürlich weiß er, dass nur der Trainer Anweisungen geben darf. Aber …

„Verstanden? Ist das bei dir angekommen?", versichert sich der Trainer noch mal.

„Ja, klar", murmelt Niklas. Er weiß, dass er eigentlich Recht hat. Nur rausbrüllen darf er es nicht. Für einen Moment hatte er die Regel völlig vergessen.

Freddy hat von alldem nichts mitbekommen. Ungerührt dribbelt er weiter.

Rudi hat die Hoffnung aufgegeben, noch angespielt zu werden. Müde lässt er die Arme sinken.

Und nun ärgert sich auch der Trainer.

„Hör auf mit dem Dribbeln!“, ruft er aufs Spielfeld. „Du trickst dich gleich noch selbst aus! Gib endlich ab, Freddy! Rudi, biete dich an. Ihr da hinten: aufrücken. Nach vorne!“

Sag ich doch!, denkt Niklas. Aber diesmal behält er es für sich.

Freddy gibt immer noch nicht ab. Die Rufe des Trainers helfen nichts. Freddy verstolpert den Ball. Der gegnerische Verteidiger bekommt ihn, schießt ihn weit vor zu einem Mitspieler, der nur zwei Haken benötigt, um allein vor dem Tor zu stehen. Denn alle Abwehrspieler waren ja gerade nach vorne gelaufen. Nun sind sie nicht schnell genug zurück. Der gegnerische Stürmer schießt und der Ball geht ins rechte untere Eck ins Tor. 1:0 für die anderen.

Der Trainer feuert wütend seine Mütze zu Boden. „Und ich sag noch: Er soll abgeben!“

Dann dreht er sich zu Niklas: „Versprochen ist versprochen. Am Sonntag darfst du ran.“

10 FOUL!

Am Mittwoch darauf ist Niklas der Erste beim Training. Heute will er sich besonders anstrengen. Nicht, dass der Trainer es sich noch mal anders überlegt! Beim nächsten Spiel darf Niklas endlich mitspielen. Von Anfang an!

Gut gelaunt läuft Niklas auf den Trainingsplatz und übt schnell noch mal, ein bisschen mit dem Ball zu jonglieren. Von weitem sieht er Freddy kommen.

Ob der böse auf ihn ist?

Freddy unterhält sich mit Tobias, der natürlich wieder neben ihm geht. Tobias hängt immer an Freddy wie ein Schatten. Und egal, was Freddy sagt, Tobias stimmt ihm immer zu. Doch diesmal scheint Tobias anderer Meinung zu sein. Haben die Streit? Das hat es ja noch nie gegeben!

Für einen Moment vergisst Niklas sogar seinen Ball, der ihm unkontrolliert vom Fuß prallt. So sehr haftet sein Blick an den beiden.

Freddy packt Tobias am Kragen und schüttelt ihn durch. Tobias schubst Freddy zurück. Niklas glaubt seinen Augen nicht zu trauen.

Der Trainer unterbricht die Auseinandersetzung mit seiner Trillerpfeife.

„Alle mal herhören!“, ruft er. „Heute beginnen wir ausnahmsweise mal mit einem Trainingsspiel. Ich will euch zeigen, was ihr letzten Sonntag falsch gemacht habt und weshalb wir verloren haben.“

Er hält einen Stapel Leibchen in der Hand, die er nun verteilt: sechs rote und sechs blaue. „Rot gegen Blau!“

Niklas bekommt ein rotes Leibchen. Freddy auch.

Tobias hat ein blaues Leibchen.

Rudi spielt auch in der roten Mannschaft. Wunderbar!, findet Niklas. Da kann er dem Trainer gleich zeigen, dass er im Gegensatz zu Freddy ein Auge auf das ganze Spiel hat und sieht, wenn Rudi frei steht.

Kaum hat Niklas den ersten Ballkontakt, sucht er auch sofort Rudi, um ihn anzuspielen. Er läuft noch einige Schritte, um sich in eine bessere Position zum Flanken zu bringen. Und auch, um seine Schnelligkeit unter Beweis zu stellen. Aus vollem Lauf will Niklas flanken, genau so wie er es im Spiel am vergangenen Sonntag gern getan hätte, wenn er mitgespielt hätte.

Er legt sich den Ball vor. Weit und breit noch immer kein Gegenspieler zu sehen. Niklas ist einfach zu schnell. Wie immer hat Rudi sich freigelaufen. Das kann er. Rudi hängt jeden ab. So auch Tobias. Zwei geschickte Körpertäuschungen und Rudi ist Tobias los, läuft ohne Ball voran zum Tor. Heftig winkt er Niklas zu. So wie er Sonntag Freddy zugewinkt hat. Ganz frei steht er vor dem Tor.

Niklas nimmt Maß, legt noch einen Zahn zu. Keiner kann mit dem Ball am Fuß so schnell laufen wie Niklas.

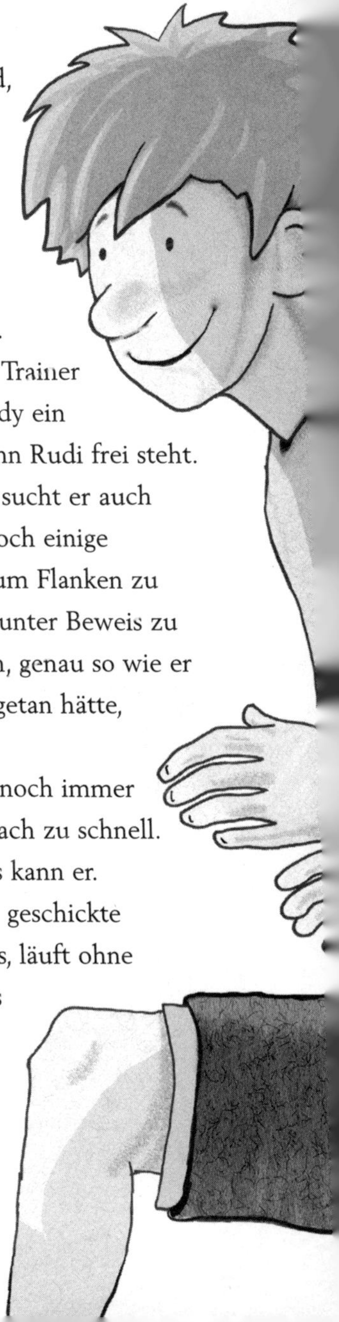

Kay rennt ihm nach. Ohne Ball, ist aber trotzdem langsamer. Niklas wird flanken, bevor Kay ihn erreicht hat. Er wird sich nicht wie Freddy verdribbeln.

Doch nun kommt auch Tobias auf ihn zu. Von schräg vorn.

Wieso das denn?, fragt sich Niklas. *Wieso deckt der nicht Rudi?* Niklas gibt dem Ball noch einen kleinen Tick, beschleunigt noch einmal, holt alles aus sich heraus, hat jetzt volles Tempo.

Tobias beschleunigt ebenfalls, senkt den Kopf wie ein wilder Stier und stampft auf Niklas zu.

Rudi winkt.

Niklas holt aus.

Kay schafft es nicht.

Niklas will flanken.

Doch genau in dem Augenblick springt Tobias mit beiden Beinen voran ab und grätscht Niklas brutal in die Beine. Er trifft den Ball nicht, aber Niklas' Knöchel.

Niklas schreit auf vor Schmerz, fällt, überschlägt sich, schlittert über den spitzen Schotter des Grandplatzes, rollt noch ein paar Meter und bleibt schließlich liegen. Seine Knie schmerzen, die Oberschenkel brennen wie Feuer.

Doch kein Pfiff ertönt.

Niklas schaut auf und sieht, wie sich Tobias ohne das kleinste Wehwehchen wieder aufrichtet und ihn frech angrinst. Der Ball ist ins Seitenaus gekullert.

Kein Protest von Freddy, der diese Szene genau gesehen hat. Kein Schimpfen, kein Maulen! Freddy schimpft in solchen Situationen sonst immer. Gern und laut. Jetzt nicht.

Wieso nicht?

Stattdessen sieht Niklas Freddys geschlossene Faust mit einem Daumen nach oben Richtung Tobias zeigen. Freddys Zeichen für „Okay! Gut gemacht! Weiter so!“.

Niklas kann es nicht fassen. Freddy ist in seiner Mannschaft, Tobias in der anderen! Wieso freut sich Freddy über ein Foul gegen die eigene Mannschaft?

Niklas versteht die Welt nicht mehr.

„Tobias! Was machst du da? Das bringt doch nichts!“ Der Trainer schüttelt verständnislos den Kopf. „Vergiss Rudi nicht, den hättest du decken müssen. Kay war doch bei Niklas.“

Dann wendet er sich an Niklas: „Hast du dir wehgetan?“

Niklas schüttelt tapfer den Kopf, obwohl seine Knie aufgeschrammt sind und sogar bluten. Er steht auf und muss die ersten Schritte humpeln. *Aber es geht schon,* denkt er.

Auch nach weiteren zehn Minuten hat das Spiel keinen Fluss. Ständig muss unterbrochen werden.

Der Trainer pfeift schon wieder ab.

„Alle mal herkommen!“, ruft er die Spieler zusammen. „Und gut zuhören! Das sind die gleichen Fehler wie im letzten Spiel. Merkt ihr das nicht? Also, Regel Nummer eins: Wir setzen uns für jeden Ball ein, wir geben keinen verloren. Nehmt euch ein Beispiel an Niklas!“ Der Trainer zwinkert Niklas aufmunternd zu. „Super, wie du zweimal den Ball mit deinem Sprint noch erreicht hast.“

Niklas merkt, wie er rot anläuft. Vermutlich noch roter als seine geschwollenen Knie. So viel Lob hat er vom Trainer noch nie bekommen.

„Regel Nummer zwei: Wir lassen uns den Ball nicht leichtsinnig abnehmen. Niklas, das war bei dir der Fall! Warum lässt du ihn dir von Tobias wieder abluchsen?“, fragt ihn der Trainer.

„Aber Tobias hat mir doch voll von der Seite …“, beginnt Niklas, doch eine Schuhspitze in seiner Kniekehle hält ihn vom Weitersprechen ab.

Trotzdem antwortet der Trainer: „Aber, aber …! Das Wort will ich gar nicht hören. Wenn jemand kommt, musst du schneller abgeben. Aber du hast Tobias gar nicht gesehen, sondern viel zu lange überlegt! Du hast dich von Tobias austricksen lassen!“

Natürlich hat Niklas Tobias gesehen! Tobias hat ihn gefoult! Bloß das hat der Trainer nicht gesehen! Aber wie soll Niklas das dem Trainer erklären? Und dann hat sich Freddy sogar noch über das Foul an seinem eigenen Mitspieler gefreut! Dazu sagt der Trainer gar nichts!

Geknickt hört Niklas nur noch halb zu, während der Trainer weitere Regeln aufzählt.

Wer hat ihn da eigentlich gerade von hinten in die Kniekehle getreten? Haben es heute alle auf ihn abgesehen?

Niklas dreht sich um. Tobias steht ganz hinten.

Stand er nicht eben noch direkt hinter mir?, rätselt Niklas.

„Und jetzt denkt an die Regeln!“, brüllt der Trainer so laut, als seien sie heute beim Training nicht zwölf Spieler, sondern hundert, die ihn hören sollen.

Erneut pfeift er das Trainingsspiel an.

Tobias verteidigt jetzt, wo er kann, und ist immer zur Stelle, wenn jemand seinem Tor zu nahe kommt.

Kay ist wieder eng an Niklas, lässt ihm keinen Raum.

Niklas' Knie brennen wie Feuer. Aber er kann nichts machen, außer es auszuhalten.

Schauen, ob Dreck in der Wunde ist; Jodsalbe vorsichtig auf die betroffenen Stellen schmieren; mit einer dünnen Binde locker verbinden; einen Eisbeutel sanft zum Kühlen drauflegen und die Beine hochlegen und schonen – das wäre jetzt das Rezept seiner Mutter.

Bei den Profis in der Bundesliga sprintet der Mannschaftsarzt aufs Feld, sprüht mit einem desinfizierenden Spray auf die schlimmen Stellen und klopft dem Spieler mutmachend auf die Schultern. Danach kann der Verletzte sofort weiterspielen, als wäre nichts geschehen.

Doch hier auf dem Platz ist weder Niklas' Mutter noch ein Mannschaftsarzt zur Stelle. Niklas muss allein klarkommen. Niemand kümmert sich um seine Schmerzen.

Aber vorzeitig aufzuhören, kommt für ihn nicht in Frage. Nicht im entscheidenden Training vor dem Sonntagsspiel, in dem er das erste Mal eingesetzt werden soll! Da hilft nur: Zähne zusammenbeißen.

Niklas versucht, sich wieder voll und ganz auf das Spiel zu konzentrieren. Nicht auf seine kaputten Knie zu achten, sondern nur auf seine Mitspieler, den Ball, das Spiel.

Doch das Spiel läuft immer noch nicht besser. Die Unterbrechung durch den Trainer hat nichts geholfen. Im Gegenteil: Alle haben die Regeln gehört. Niemand will jetzt einen Fehler machen. Wie soll man sich auf dem Platz alle Regeln gleichzeitig merken? Welche waren das noch? Niklas hatte dem Trainer nach der Attacke von hinten nicht mehr richtig zugehört.

Der Torwart macht einen Abschlag aus der Hand. Viel zu weit. Der Ball fliegt im hohen Bogen zur Seitenlinie, prallt ein paarmal auf und springt Richtung Aus.

Den muss ich kriegen!, spornt sich Niklas selbst an.

Und auch sein Trainer ruft ihm zu: „Den schaffst du noch!"

Niklas startet. Aber sofort spürt er, dass er diesmal nicht schnell genug ist.

Mist!, flucht er innerlich. *Den schaff ich diesmal nicht!* Seine geschwollenen Knie machen diesen Sprint nicht mit. Sie fühlen sich so dick an wie Semmelknödel. Wie soll man mit Semmelknödeln in den Beinen laufen? Niklas stampft mit seinen Knödelbeinen dem Ball hinterher. So langsam, wie er in seinem ganzen Leben noch nicht gelaufen ist. Eine Schnecke ist nichts dagegen, denkt er.

Und dann taucht plötzlich auch noch Freddy neben ihm auf und zieht mit betont lockerem Schritt an ihm vorbei.

Typisch Freddy!, ärgert sich Niklas. *So sehe ich noch langsamer aus, als ich ohnehin schon bin.*

Freddy erreicht den Ball vor dem Aus.

Freddy, der Ball-Retter! Das ist ja was ganz Neues!, wundert sich Niklas. Seit wann jagt Freddy einem Ball hinterher?

Normalerweise müssen das andere aus der Mannschaft für ihn machen. Freddy, der Ballkünstler, ja. Aber Freddy, im Dienste der ganzen Mannschaft? Niemals!

Im Dienste der Mannschaft. Das war eine der Regeln, die der Trainer ihnen eingeschärft hatte. Hat auch Freddy nun endlich begriffen, dass Fußball ein Mannschaftssport ist?

Aber Freddy hat die Regel schon wieder vergessen. Er steht an der Seitenlinie und lässt den Ball tanzen. Fast wie in einer Ballettaufführung, mal zwischen den Beinen, mal vor, mal neben den Füßen, sogar auf den Knien. Er zeigt Tricks am Ball, die alle schon kennen.

So ein Angeber, denkt Niklas. *Nun geht das wieder los.*

Vorn im Strafraum steht sich Rudi mal wieder die Beine in den Bauch.

Freddy sieht ihn nicht. Er schaut nur auf seine Füße, voll beschäftigt mit seinen Kunststückchen.

Kay löst sich von Niklas und versucht Freddys Ballspielchen zu beenden.

Ja, hol ihn dir, Kay!, wünscht sich Niklas heimlich, obwohl Kay bei den anderen spielt.

Aber genau darauf hat Freddy nur gewartet.

Der arme Kay hat keine Chance.

Freddy ist einen Kopf größer und ein Jahr älter als Kay, er ist ihm spielerisch haushoch überlegen. Und er zeigt das. Freddy lässt ihn tanzen wie ein Puppenspieler eine Marionette. Täuschung – Kay hebt das rechte Bein. Täuschung – Kay hebt das linke Bein.

Freddy lacht.

„Nicht schon wieder, Freddy!“, brüllt der Trainer übers Feld

und schüttelt verzweifelt den Kopf.

Freddy macht weiter.

Freddy, der Showmaster!, denkt Niklas. Niemand kann ihn stoppen – außer …

Tobias kann ihn stoppen!, schießt es Niklas durch den Kopf. Aber … wo steckt der?

Niklas dreht sich suchend nach ihm um. Wo ist Tobias? Weit und breit ist von ihm nichts zu sehen.

Doch! Halt! Da!

Niklas entdeckt ihn. Er muss sich erst mal die Augen reiben, um zu glauben, was er sieht: Tobias kniet am Elfmeterpunkt und – bindet sich die Schnürsenkel!

Statt auf Freddy loszugehen, macht Tobias sich 'ne Schleife in die Schnürsenkel! Niklas kann es nicht fassen.

Der Trainer auch nicht.

„Das darf ja wohl nicht wahr sein!“, schimpft er. „Freddy, hör auf mit dem Schnickschnack! Gib ab oder du kannst gleich duschen gehen! Tobias, du bist hier nicht im Kindergarten. Kannst du nicht mal deine Schuhe richtig zumachen? Unternimm was und hol dir den Ball!“

Dann ist auch Niklas dran.

„Und du!“, bölkt ihn der Trainer an. „Du bist hier nicht zum Zugucken! Du willst doch mitspielen. Dann spiel auch. Lauf! Biete dich an!“

Verflixt, ärgert sich Niklas über sich selbst. *Der Trainer hat Recht! Ich kann nicht nur blöd rumstehen und auf Freddy glotzen.*

Gerade will Niklas auf Freddy zulaufen, um ihm den Ball abzunehmen, als auch Tobias sich auf den Weg macht. Aber Tobias läuft nicht, er geht! Wieso läuft er nicht? Wieso lässt er Freddy so viel Zeit?

Niklas schüttelt sich seine Fragen aus dem Kopf und will sich voll und ganz auf Freddy und den Ball konzentrieren, doch da ertönt der Schlusspfiff des Trainers.

Alle drehen sich um und gehen langsam zu ihm.

Niemand achtet mehr auf Freddy.

Außer Niklas. Er sieht, wie Freddy auf Tobias zugeht und ihm gerade die Hand reichen will. Doch Tobias weicht aus, schüttelt heftig den Kopf und blafft Freddy regelrecht an: „Das war's. Ich mach nicht mehr mit. Ich will wieder meinen eigenen Fußball spielen. Mach das doch allein."

Freddy schaut ihn verdutzt an. Er will etwas sagen. Aber Tobias dreht sich um und läuft direkt zum Trainer.

„Braucht ihr eine Extra-Einladung?", ruft der Trainer Freddy und Niklas zu.

Tobias steht vor dem Trainer wie ein Dackel, der auf den Teppich gemacht hat.

„Es tut mir leid, Herr Wagner“, jammert er. „Bitte, nehmen Sie nicht so ernst, wie ich heute gespielt habe. Am besten, Sie vergessen es ganz!“

Ohne eine Reaktion abzuwarten, fährt er fort: „Ich weiß selbst, ich habe heute total schlecht gespielt! Und dann noch das mit den Schnürsenkeln! Das war …“ – Tobias ringt nach den richtigen Worten – „… nur eine Ausnahme! Bestimmt!“

Mit hoffnungsvollem Blick zum Trainer endet er: „Das wissen Sie doch auch, Herr Wagner, oder?“

Erst jetzt kommen Niklas und Freddy an. Aber Niklas hat alles gehört.

„Ich verspreche Ihnen“, setzt Tobias mit Blick auf Freddy nun doch noch fort, „das wird nicht noch mal vorkommen. Am Sonntag bin ich wieder voll da. Versprochen, Herr Wagner!“

Die Augenbrauen des Trainers ziehen sich bedrohlich zusammen. *Herr Wagner* wird der Trainer nur genannt, wenn es ganz ernst und offiziell wird. Sonst heißt er für die Jungs einfach immer nur *Trainer*. Das gefällt den Jungs besser. Und dem Trainer auch. *Herr Wagner* heißt er ja sonst immer. Da genießt er es, wenn er beim Fußball von den Jungs einfach nur *Trainer* genannt wird. „Wir spielen ja hier Fußball und nicht Golf!“, hat er gelacht.

„Langsam, langsam“, bremst der Trainer Tobias jetzt. „Einfach alles vergessen? Wie stellst du dir das vor? Ich meine, wo sind wir denn hier? Wozu machen wir das ganze Training? Um hinterher alles wieder zu vergessen? Nein, nein, so leicht geht das nicht. Aber wir reden später drüber. Unter vier Augen.“

Tobias ist die Enttäuschung anzusehen. Freddy ist etwas abseits stehen geblieben, seine Augen auf Tobias gerichtet.

Alle anderen wissen nicht, wohin mit ihren Blicken. Bloß nicht den Trainer anschauen, sonst ist man der Nächste, den er sich vorknöpft.

Jeder weiß, dass es Ärger gibt. Es gibt immer Ärger, wenn sie nicht tun, was der Trainer ihnen noch wenige Minuten zuvor gesagt hat. Jeder hofft, dass es den Nebenmann trifft und nicht einen selbst.

In der Mitte der kleinen Versammlung steht Niklas. *Hoffentlich hält der Trainer Wort und ich bin wirklich dabei*, denkt er. In seinen Beinen und Knien pocht es wieder. In den letzten Spielminuten waren die Schmerzen kaum noch auszuhalten. Aber bis jetzt hat sein Rezept, die Zähne zusammenzubeißen, einigermaßen gewirkt.

Das geht bis Sonntag weg. Bestimmt!, versucht er sich zu beruhigen.

„Wollt ihr etwa auch alles vergessen?“, fragt der Trainer in die Runde und stützt die Hände in die Hüften. „Dann fangt mal an: Welche eurer Aktionen soll ich denn bitte schön einfach vergessen? Und unsere Niederlage vom letzten Sonntag vergessen wir auch einfach mal? Und dann machen wir immer so weiter bis zur nächsten Niederlage, oder wie stellt ihr euch das vor? Was ist los mit euch?“

Keiner erwidert seinen Blick.

Der Trainer sucht sich Freddy heraus und schaut ihn mit bohrendem Blick an. „Na, Freddy, jetzt stehst du plötzlich ganz hinten? Du spielst doch sonst so gern die erste Geige. Also, wie lautet die wichtigste Regel im Fußball?“

Freddy betrachtet seine Schuhspitzen und schweigt.

„Hallo? Jemand zu Hause? Das wichtigste Ziel im Fußball ist was, Freddy?“

Wieder keine Antwort.

Aber alle wissen, wovon der Trainer spricht. Seine beiden Lieblingsworte heißen „Teamgeist und Tore.“

„Keine Antwort ist auch eine Antwort“, kommentiert der Trainer Freddys Schweigen mit finsterer Miene und wendet sich wieder an alle: „Am Sonntag zeigt jeder auf dem Platz, was er kann. Was ihr nicht könnt, überlasst ihr anderen. Im Spiel will niemand eure Schwächen sehen! Und merkt euch: Ein Freundschaftsspiel ist ein Spiel, kein Training!“

Einige aus der Mannschaft nicken brav mit den Köpfen. Diesen Satz sagt der Trainer vor jedem Freundschaftsspiel.

Der Trainer lässt sich aber nicht ablenken: „Zeigt im Spiel eure Stärken, dafür trainiert ihr schließlich auch.“

Die Jungs trauen sich noch immer nicht so recht, dem Trainer in die Augen zu schauen. Nachdenklich hören sie ihm zu. Seine Stärken zu zeigen, klingt eigentlich ganz gut, finden sie. Und die ersten wagen sogar schon, ihre Köpfe zu heben und kurz zum Trainer zu gucken.

„Da gibt es nur einen Haken“, fährt der Trainer fort. „Um eure Stärken auszuspielen, müsst ihr auch eure Schwächen kennen.“

Sofort senken sich alle Köpfe wieder.

Der Trainer schaut zu Freddy. Und diesmal durchbohrt er ihn nicht nur mit seinem Blick, sondern sticht auch noch mit seinem Zeigefinger ein Loch in die Luft. Das macht er immer, wenn er etwas wirklich Wichtiges sagt.

„Bei dir, Freddy, gibt es ein echtes Problem!“

Freddy sieht erschrocken auf.

„Deine Stärke sind die Tricks am Ball!“

Freddy lächelt geschmeichelt.

„Deine Schwäche ist, damit anzugeben!“

Freddys Lächeln verwandelt sich in einen beleidigten Flunsch.

„Du konzentrierst dich immer nur auf deine Kunststückchen. Aber du bist hier nicht im Zirkus, sondern auf dem Fußballplatz! Du verlierst den Überblick dabei. So trickst du nicht nur dich, sondern auch deine eigene Mannschaft aus.“

So genau hat der Trainer diesen Fehler von Freddy noch nie erklärt.

Freddy verwechselt Fußball mit Zirkus. Klare Sache, denkt Niklas.

„Du übersiehst im gleichen Moment deinen freistehenden Nebenmann“, fährt der Trainer fort. „Landen kluge Spielzüge der anderen bei dir, versanden sie mit deinen Tricks. Stärken sind so lange stark, wie sie im Sinne des Spiels eingesetzt

werden. Falsch eingesetzt, eigennützig und ohne Mannschaftsgeist, werden Stärken ganz schnell zu Schwächen."

Das wird mir nicht passieren, nimmt sich Niklas fest vor.

„Und: Gewinnen tut nicht die Mannschaft mit den meisten Tricks, sondern die mit den meisten Toren!"

Peng, das hat gesessen. Freddy schaut düster auf seine Schuhspitzen.

Um ihn herum herrscht eisiges Schweigen. Freddy ist der Kapitän der Mannschaft, der Leitwolf und mit Abstand der beste Fußballer. Aber heute hat er eine Standpauke erhalten, die sich gewaschen hat. Freddy mag niemandem mehr in die Augen sehen. Der Trainer macht unbeirrt weiter.

Hoffentlich geht es mir nie so!, denkt Niklas. Aber er findet auch, Freddy hat sich diese Standpauke redlich verdient. Erst recht, wenn er an das Foul von vorhin denkt. Das war doch mit Tobias abgesprochen!

„Also", sagt der Trainer. „Rudi, Stefan und Jens vorne besser unterstützen! Kay bleibt hinten und hilft Tobias."

Mit einem fragenden Gesichtsausdruck wendet er sich nun an Tobias: „Falls Tobias wirklich dort steht, wo er hingehört!"

Tobias nickt eifrig.

„Gut", stellt der Trainer fest. „Wir sehen uns dann Sonntag, zehn Uhr, pünktlich am Vereinsheim. Freddy bleibt auf der Ersatzbank. Niklas spielt für ihn."

Niklas spürt den tödlichen Blick von Freddy im Nacken. Doch seine Ohren glühen – vor Freude.

„Freddy, mit dir möchte ich jetzt noch alleine reden. Danach mit Tobias."

Mit diesen Worten beendet der Trainer das Training.

Freddy und Tobias schauen sich misstrauisch an und trotten 25
dem Trainer mit hängenden Köpfen hinterher.

26 VERLETZUNG

Auf dem Weg nach Hause träumt Niklas vor sich hin: Er, der Bundesligaprofi, humpelt vom Platz. In der Kabine wartet schon der Mannschaftsarzt mit seinem Wunderkoffer. Hier ein Spray, dort ein Eisbeutel, hier eine Spritze … Stopp! An dieser Stelle will Niklas seinen Tagtraum schnell überspringen. Spritzen mag er nicht. Und zum Glück wird er auch keine bekommen. Denn er ist ja kein Bundesligaprofi, sondern nur der knapp zehn Jahre alte Niklas, der vom Training zurückkehrt. Das wird ihm schnell klar, als ihn seine Mutter an der Haustür begrüßt.

Entsetzt schaut sie ihn an, schlägt die Hände vors Gesicht und ruft: „Wie siehst du denn aus?“

Niklas weiß nicht, wie er aussieht. Nach dem Training hat er seine Sportkleidung aus- und seine normale Kleidung angezogen und ist nach Hause geradelt. Wie immer.

Sein verletztes Bein kann seine Mutter noch gar nicht sehen, denn da ist die lange Hose drüber.

„Komm rein und ab in die Wanne!“, sagt seine Mutter. „Aber erst die Schuhe aus!“

Niklas zieht die Schuhe aus und geht schnurstracks ins Badezimmer. Nicht, weil er sich so sehr auf die Badewanne freut. Im Gegenteil! Bestimmt wird das heiße Seifenwasser auf seinen Wunden höllisch brennen!

Aber im Bad steht bereit, was immer nach seinem Training dort bereitsteht: eine Scheibe Brot, belegt mit Bananenscheiben, und ein Pfannkuchen mit Apfelkompott! Seine zweite Lieblingsspeise.

„Für den großen Fußballer“, sagt seine Mama dann immer. Sie legt ein Brett für das Essen quer über die Wanne.

Natürlich schauen seine Piraten- und Weltraumfiguren dabei zu, die den Rand der Wanne säumen und nur darauf warten, sich in die fünfhundertste Seeschlacht zwischen Astronauten und außerirdischen Piraten zu stürzen.

Aber diesmal kann Niklas nicht gleich in die Wanne steigen. Und diesmal sagt seine Mutter auch nicht: „Für den großen Fußballer.“

Diesmal schreit seine Mutter entsetzt auf, kaum dass Niklas sich ausgezogen hat.

„O Gott! Nein! Was ist das denn?“ Sie hat Niklas’ blutiges Bein entdeckt.

„Geht schon!“, sagt Niklas. Aber er weiß, dass es nicht geht.

Und so sagt seine Mutter es auch: „So geht das nicht!“

Mit einer flinken Handbewegung öffnet sie die Tür des Arzneischranks, fischt sieben weiße Kügelchen aus einem braunen Glas und steckt sie Niklas in den Mund: „Gegen die Schmerzen!“, sagt sie.

Fast wie der Mannschaftsarzt eines Bundesligavereins, grinst Niklas. Obwohl er noch nie gesehen hat, dass die Bundesligaspieler weiße Kügelchen schlucken müssen.

„Das ist gut, das hat dir immer schon geholfen“, behauptet seine Mutter.

Niklas glaubt seiner Mutter wie der Profi seinem Arzt.

Nachdem er die Kügelchen gelutscht hat, brennt sein Bein noch immer.

Aber seine Mama ist mit ihrer Behandlung ja auch noch nicht fertig. Sie tröpfelt fünf sogenannte Notfalltropfen aus einer Pipette unter Niklas’ Zunge.

Niklas findet das übertrieben. Zwar tut sein Bein noch immer weh. Aber ein Notfall ist es ja nun auch wieder nicht, findet er. Es war nur ein Foul.

Doch Mama erzählt nun wieder die Geschichte, als Niklas noch ganz klein war und noch kaum laufen konnte und …

„Au!“, schreit Niklas auf und zuckt zusammen. Jetzt hat seine Wunde wirklich wehgetan!

Seine Mutter hat damit begonnen, seine aufgeschürften Stellen auf restlichen Schmutz zu untersuchen.

„Hier ist etwas Schwarzes, vermutlich ein Sandkorn!", ruft Mama, als hätte sie eine große Entdeckung gemacht. Umständlich fummelt sie mit einer Pinzette an der Wunde herum, um das Schwarze herauszupulen.

Wieder beißt Niklas die Zähne zusammen. Während des gesamten Trainings haben seine Wunden nicht so wehgetan wie jetzt, wo seine Mama sich darüber hermacht.

Sie hat sich gerade so richtig eingearbeitet.

„Wunderbar! Das haben wir gleich", freut sie sich und pult immer weiter.

„Muss das sein?", beschwert sich Niklas. „Das tut weh!"

„Natürlich muss das sein!", beharrt seine Mutter. „Eine Wunde muss sauber sein, sonst eitert sie!"

Niklas überlegt angestrengt, aber er kann sich nicht erinnern, jemals im Fernsehen einen Mannschaftsarzt gesehen zu haben, der einem Spieler mit einer Pinzette einzelne Sandkörner aus den Beinen gepult hätte.

„Au!"

„Jetzt hab ich ihn!" Stolz zeigt seine Mutter ihre Eroberung. Niklas sieht nur die Pinzette, deren Spitze blutig ist. Von seinem Blut!

„Mensch, Mama, wie lange noch?!", jammert er. Seine Wunde brennt wie Feuer. Der Pfannkuchen wird kalt und die Piraten und Astronauten beginnen sich zu langweilen.

Doch Mama pult weiter.

Niklas verzieht das ganze Gesicht. Das hilft noch besser als

Zähne zusammenbeißen. Aber auf dem Trainingsplatz vor den anderen kann man sein Gesicht nicht so verziehen, als ob man weint. Das geht nur zu Hause. Niklas sieht sich kurz im Badezimmerspiegel. Sein Gesicht besteht jetzt aus tausend Furchen und Falten. Er muss über sich selbst lachen. Und zieht ein paar Grimassen. In der Mitte seines zerfurchten Gesichts ragt seine Nase hervor wie eine Düne im Sandmeer. Fast wie ein außerirdischer Planet, auf dem seine Astronauten ihre helle Freude hätten.

Doch dann wieder ein stechender Schmerz im Bein. Mama hat erneut zugepickt.

Die Planetenlandschaft schwindet und macht Platz für ein einfach nur noch vom Schmerz verzerrtes Gesicht.

„Reicht das denn immer noch nicht?“, schimpft Niklas. Er spürt, wie sich erste Tränen in seinen Augen bilden. Er wischt sie schnell weg.

Mama pult weiter.

„Auuuuuaaaa …!!!!!“, brüllt er, halb vor Schmerz und halb vor Wut. Im Seifenwasser wird die Wunde doch auch sauber, denkt er. Seine Mama soll ihn jetzt endlich zufriedenlassen. Aber er weiß, dass allein seine Mutter entscheidet, wann sie fertig ist. Zumindest das hat sie mit einem Mannschaftsarzt gemeinsam.

„Endlich!“, stöhnt Niklas, als seine Mutter die Pinzette zur Seite legt.

„Achtung, jetzt brennt’s noch mal kurz“, warnt seine Mutter und beginnt, die aufgeschürften Stellen mit Jodsalbe einzuschmieren. Niklas wimmert jetzt nur noch leise. Dieses

Brennen kennt er. Diese Salbe kennt er. Seine Mutter verwendet sie seit dem Tag, als er noch kaum laufen konnte und .... Genau genommen ist er mit dieser Salbe aufgewachsen.

„So!", sagt seine Mutter. „Den Rest nach dem Baden!"

„Den Rest?", fragt Niklas empört. Er dachte, seine Mutter wäre fertig.

Seine Mama erklärt ihm, dass sie nach dem Baden noch einen dünnen Verband um die Wunde wickeln wird und Niklas dann das Bein hochlegen soll.

Verband? Bein hochlegen?, jagt es Niklas durch den Kopf. Das sieht ja aus wie ein Verletzter! Ein Verletzter, der nicht spielen kann!

„Wie lange muss ich den denn tragen?", fragt er schnell. Wenn sein Trainer den Verband sieht, ist es aus mit seinem ersten Spiel am Sonntag.

„Morgen früh sehen wir uns die Wunde mal an und dann schauen wir weiter!", bestimmt seine Mutter.

Morgen früh!

Noch bevor er in die Wanne steigt, weiß er, dass er morgen früh unter allen Umständen, auf jeden Fall, komme, was da wolle, wieder hundertprozentig fit sein wird und auf gar keinen Fall einen Verband wird tragen müssen.

Mit dem gesunden Bein steigt er in die Wanne. Danach kommt das verletzte Bein. Es brennt wahnsinnig. Mit einem Aufschrei zieht er es zurück.

„Tut's noch so weh?", fragt seine Mutter.

„Nein! Nein", antwortet Niklas.

„Wirklich nicht?“, fragt seine Mutter.

„Nein!“, wiederholt Niklas und ein bisschen ist es geschwindelt. „Ich bin Profi!“

Mit einem Schmunzeln auf den Lippen verlässt seine Mutter das Bad.

Niklas weiß wirklich nicht, was es da zu lachen gibt.

„Ich stelle schon mal den Fernseher an“, ruft sie vom Flur aus. „Du willst doch die Sportschau sehen!“

„Mittwochs gibt es keine Sportschau!“, ruft Niklas zurück. „Das ist ein Länderspiel.“

Aber bis dahin hat er noch ein wenig Zeit. Endlich kann er seinen Pfannkuchen essen. Zum Glück schmeckt der auch kalt.

Zwanzig Minuten später sitzt Niklas gemütlich auf dem Sofa. Beide Beine liegen erhöht und weich auf großen Kissen. Er kuschelt sich vorsichtig noch tiefer unter die Decke. Das Tablett steht schon auf seinem Schoß. Seine aufgeschürften Stellen sind so gut wie vergessen.

„Pünktlich schalten wir rüber nach Dortmund ins ausverkaufte Stadion. Die Mannschaften kommen jeden Moment auf den Platz!“, sagt der Fernsehkommentator.

Auf dem Bildschirm ist nur der grüne Rasen zu sehen. Der Kommentator schwärmt von den neugebauten Tribünen, erzählt etwas über die Stadt Dortmund und berichtet, wie teuer die neue Flutlichtanlage war.

Von wegen pünktlich, ärgert sich Niklas, *ist das eine Sportübertragung oder eine Stadtrundfahrt? Wo bleiben die Interviews mit den Trainern?*

Denn im Moment interessiert ihn nur eine einzige Frage: Wird sein Lieblingsspieler mitspielen? Michael Ballack, der Kapitän der deutschen Nationalmannschaft, war drei Wochen lang verletzt. Noch immer ist unklar, ob er mitspielen kann oder nicht. Niklas denkt an seine eigene Verletzung. Bis Sonntag ist bestimmt wieder alles gut.

„Und hier die Mannschaftsaufstellung!“, kündigt der Kommentator an.

Jetzt kommt's! Niklas ruckelt sich aufgeregt in der Sofanische zurecht.

In dem Moment kommt seine Mutter und schiebt sich direkt vor ihm ins Bild. Auf einem Teller bringt sie Niklas' allerallerliebste Lieblingsspeise: einen dicken Spaghettiberg mit Tomatensoße und einer großen Käsehaube. Das Bananenscheiben-Brot und der Pfannkuchen waren nur Vorspeise. Schließlich ist Niklas verletzt. Da muss er doch zu Kräften kommen, sagt seine Mutter.

Ein bisschen krank sein ist manchmal gar nicht so schlecht, findet Niklas und freut sich über das Essen.

„Vorsicht, ist noch sehr heiß!", warnt seine Mutter, während Niklas versucht, an ihr vorbei den Bildschirm zu sehen. Was ist mit Ballack?

„Was möchtest du trinken?", fragt seine Mutter.

„Saft", sagt Niklas schnell, damit er den Kommentator wenigstens noch hören kann.

„Apfel, Orange oder Johannisbeere?", fragt seine Mutter.

Niklas ist es egal. Er will wissen, ob Ballack spielt. Er hat gar nicht richtig hingehört.

„Kirsch!", antwortet er, ohne nachzudenken.

„Kirsche hab ich nicht", bedauert seine Mutter. Noch immer steht sie direkt vor dem Fernseher.

„Egal", sagt Niklas.

„Mir auch", antwortet seine Mutter.

„Was?", fragt Niklas.

„Apfel, Orange oder Johannisbeere?", fragt seine Mutter.

„Ballack!", antwortet Niklas.

„Bitte?", wundert sich seine Mutter.

„Äh!", stottert Niklas. „Apfel."

„Gut“, sagt seine Mutter und geht endlich vom Fernseher weg. Auf dem Bildschirm ist die Mannschaftsaufstellung zu sehen – von den Brasilianern!

Die deutsche Mannschaft war schon.

Mist!, ärgert sich Niklas. Nun ist er der einzige Fußballfan der ganzen Welt, der in diesem Moment nicht weiß, ob Ballack spielt oder nicht.

„Und jetzt kommen sie endlich!“, ruft der Fernsehkommentator.

Endlich!, denkt auch Niklas. Nun wird er sehen, ob Ballack aufläuft oder nicht.

Doch kurz vor den Mannschaften läuft Niklas’ Mutter auf. Mit dem Apfelsaft geht sie auf Niklas zu, steht wieder vor dem Fernseher, stellt den Saft aufs Tablett und warnt: „Vorsicht, ist noch sehr kalt!“

„Ja“, sagt Niklas beiläufig und reckt den Hals. Aber er sieht nichts, hört nur den Stadionsprecher: „Dortmund begrüßt die Nationalmannschaften aus Brasilien und Deutschland. 62 700 Zuschauer freuen sich auf ein spannendes und faires Spiel.“

Seine Mutter geht.

Das Fernsehen zeigt die Schiedsrichter.

Dahinter die Mannschaftskapitäne.

Und endlich sieht Niklas ihn.

„Michael Ballack ist – wie schon gesagt – endlich wieder dabei“, sagt der Kommentator. „Nach drei Wochen Ausfall wegen eines Muskelfaseranrisses.“

Drei Wochen!, denkt Niklas und versucht das Wort Muskelfaseranriss in Gedanken nachzusprechen.

Er guckt auf sein Bein. *So etwas kriegen bestimmt nur Profis,* hofft er. *Oder?*

Mama läuft durchs Bild und bringt Löffel und Gabel.

Wie auf Kommando lassen alle Spieler die Kinder los, die sie ins Stadion hineingeführt haben. Das hat Niklas leider auch verpasst.

Ob er eines Tages auch mal so einen Profi ins Stadion führen darf? Michael Ballack vielleicht. Aber dann müsste Niklas auch Kapitän sein. Das ist aber Freddy.

Immerhin kommt er nächsten Sonntag für Freddy schon ins Spiel. Kapitän wird dann aber Tobias sein.

„Lass es dir schmecken", sagt Mama und geht.

Das Spiel beginnt. Pünktlich mit dem Anpfiff läutet das Telefon. Niklas ist genervt. Wer ruft denn jetzt an? Das kann nur Oma sein, denkt er. Der einzige Mensch auf der Welt, der nicht weiß, dass jetzt das Spiel beginnt.

Aber das Schlimmste ist, ein Telefonat zwischen seiner Mutter und seiner Oma dauert mindestens eine halbe Stunde! Und das Telefon steht leider direkt rechts neben dem Fernseher.

Mama rennt durchs Bild und nimmt ab.

„Claudia!", ruft Mama erfreut.

Offenbar gibt es neben Oma noch einen zweiten Menschen, der nichts von diesem Spiel weiß, staunt Niklas. Mamas beste Freundin Claudia.

Ein Telefonat zwischen seiner Mutter und ihrer Freundin Claudia dauert mindestens bis zum Beginn der zweiten Halbzeit.

Zum Glück ist es ein schnurloses Telefon. Damit kann man gut im Flur telefonieren. Oder in der Küche. Oder oben im Schlafzimmer. Oder auf einem anderen Planeten. Aber Niklas' Mama telefoniert im Wohnzimmer!

Niklas versteht nur noch Satzfetzen vom Fernsehkommentator. Unterbrochen von Satzfetzen seiner Mutter.

„Der Trainingsrückstand ist zurückzuführen auf den … Friseurtermin … Die Taktik des Trainers ist eindeutig … das neue Salatrezept aus dem Diätkochbuch …"

Niklas seufzt.

Mama geht im Wohnzimmer auf und ab und übertönt immer wieder den Ton. Immerhin kann er das Bild noch sehen, freut Niklas sich gerade, als Mama ins Telefon sagt: „Ich schau gleich mal nach."

Sie geht direkt vor den Fernseher und blättert in ihrem Taschenkalender.

„Mama!", nörgelt Niklas.

Mama winkt ihm zu. „Gleich, Mäuschen!"

Mäuschen! Wenn Niklas das schon hört! Genervt winkt er seiner Mutter zu, dass sie beiseitegehen soll.

Jetzt erst wird ihr bewusst, wo sie steht. Sie macht eine entschuldigende Handbewegung und der Fernsehkommentator schreit: „Toooooor!"

Niklas glaubt es nicht.

Seine Mutter geht beiseite.

Niklas sieht den jubelnden Michael Ballack. Das Tor hat er verpasst.

Mit Papa hätte ich meine Ruhe. Aber allein bin ich nur Luft, ärgert sich Niklas. Er sagt besser nichts. Eine Diskussion mit Mama hilft jetzt nichts. Er will doch nur das Spiel anschauen. Mama bewegt sich Richtung Tür.

„Bis morgen dann, tschüüüsiii!"

Niklas zuckt zusammen. Im Fernsehen läuft die Wiederholung des Tores in Zeitlupe und seine Mutter will das Telefon zurückbringen.

„Kann ich noch einen Saft?", ruft er schnell.

„Ja!", antwortet seine Mutter und dreht ab zur Küche.

Gerade noch geschafft, denkt Niklas, guckt sich in Ruhe die Zeitlupe an und schraubt die Spaghettifäden versonnen im Löffel auf die Gabel. Er beginnt zu träumen, wie toll es wäre, wenn er am Sonntag bei seinem ersten Spiel gleich ein Tor schießen würde. *Freddy mit seinem Kunststück-Gehabe! Der verstolpert viel zu viele Chancen. Direkt muss man spielen. Mit Drang zum Tor.*

Die Verwandlung des Spaghettibergs mit seiner Käsekuppe geht voran. Im Teller befindet sich inzwischen ein klebriger Klumpen weiß-roter Nudelmatsche. Niklas' Mund ist blutrot verschmiert. Seine Gabel bleibt vor dem Mund schweben. Die Hand, die sie hält, erstarrt. Die Brasilianer bekommen einen Freistoß am Sechzehner des deutschen Tors.

Niklas weiß, was das bedeutet. Höchste Gefahr! Schon hat sich eine Mauer aus sechs deutschen Spielern im exakten Abstand von 9 Meter 15 vom Ball aufgestellt. Eine weiße Linie, die im Fernsehen eingeblendet wird, zeigt das an. Alle haben den Ernst der Lage erkannt.

Die Konzentration steht jedem ins Gesicht geschrieben. In

Niklas' Gesicht auch. Ein Stück Nudel klebt ihm auf der Nasenspitze.

Ronaldhino läuft an.

Mutter öffnet die Tür.

Der Brasilianer schießt.

„Dein Saft!", sagt seine Mutter. „Hatte ich ganz vergessen!"

Zwei Meter übers Tor.

„Lahme Krücke!", ruft Niklas.

„Wie bitte?", wundert sich seine Mutter, versteht dann aber, dass nicht sie gemeint war.

Ein Balljunge bringt dem deutschen Torhüter den Ball. Und da sieht Niklas es.

In der hintersten Ecke des Tores liegt etwas.

Was ist das denn?, fragt sich Niklas.

Und weil der Balljunge den Ball schief wirft und der Ball deshalb nicht beim Torhüter ankommt, sondern im Netz zappelt, zeigt die Kamera es nun ganz dicht: Hinten im Tornetz liegt ein Maskottchen!

Das ist es!, denkt Niklas. Ein Glücksbringer! Genau so etwas braucht er für Sonntag! Vielleicht schickt ihm das Glück den Ball in der entscheidenden Sekunde auf seinen linken Fuß, so dass er ihn direkt zum entscheidenden Tor verwandeln kann!

Aufgeregt wartet Niklas bis zur Halbzeit und überlegt, was er als Glücksbringer nehmen könnte. Einen Geißbock wie die Kölner kann er schlecht mitbringen. Auch „Betzi", wie der rote Teufel in Kaiserslautern, wäre zu auffällig. Schließlich soll niemand von seiner kleinen Unterstützung erfahren.

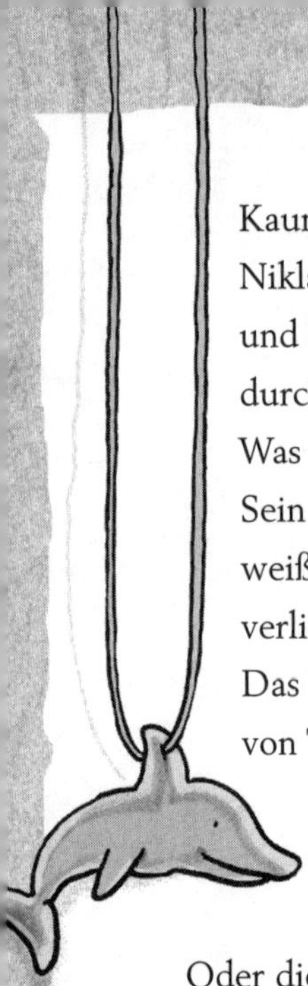

Kaum ertönt im Fernsehen der Halbzeitpfiff, da legt Niklas das Tablett zur Seite. Er flitzt in sein Zimmer und beginnt alle möglichen Kisten und Schubladen zu durchwühlen.

Was eignet sich als Glücksbringer?

Sein schwarzer Stein, den er an einem strahlend weißen Sandstrand gefunden hat? Kann man zu leicht verlieren.

Das Lederhalsband mit dem silbernen Delfinanhänger von Tante Edda? Zu kitschig.

Der kleine Stoffclown? Nur was für Babys.

Die wertvolle Sonderbriefmarke aus Großvaters Sammlung? Zu winzig.

Oder die kleine Dose mit seinem ersten Wackelzahn? Auf gar keinen Fall!

Und dann hat er ihn! Dass er nicht gleich darauf gekommen ist!

Als Glücksbringer ist nichts besser geeignet als sein giftgrüner Gummigecko.

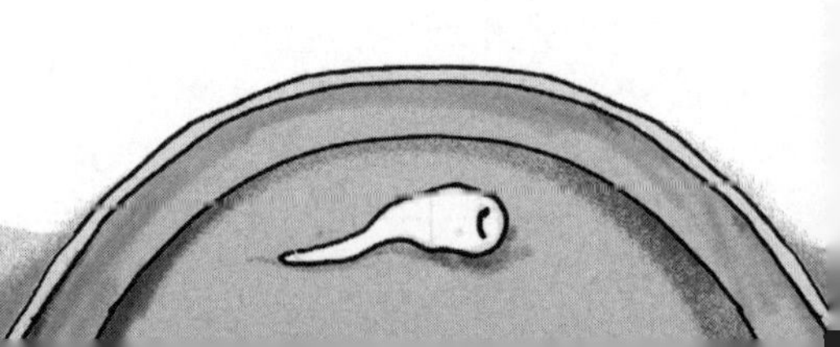

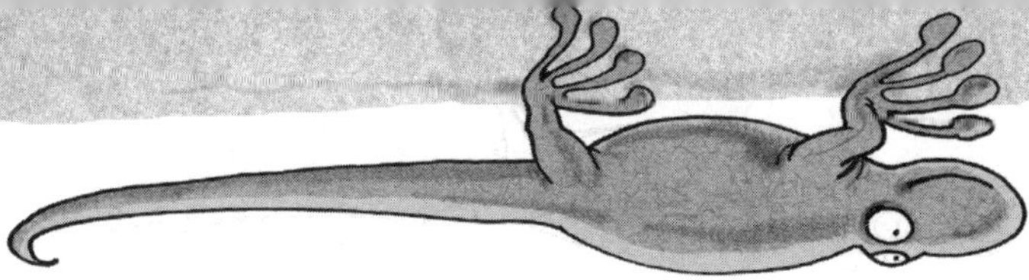

DER GROSSE TAG

Drei Tage später, am Samstag, hält Niklas' die Aufregung kaum noch aus.

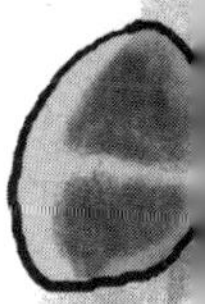

Seine Beine sind bestens ausgeheilt. Nur dicker dunkler Schorf erinnert noch an das schmerzhafte Foul von Tobias. Morgen wird der Traum wahr.

Morgen! Leider erst morgen!

Niklas sitzt in seinem Zimmer und packt die Sporttasche. Bereits zum fünften Mal. Immer wieder packt er sie ein und aus und wieder anders ein. Dabei stapelt er jedes Stück wie eine Palette roher Eier vorsichtig in seine Sporttasche. Sein perfekt gefaltetes Handtuch, dazwischen das Duschgel.

Die Jungs haben nach dem Training noch nie geduscht. Das ist bei Spielen bestimmt nicht anders. Mit allen zusammen nackt unter der Dusche zu stehen, kann sich Niklas auch schlecht vorstellen. Und doch hat Niklas das Gefühl, seine Tasche wäre unvollständig gepackt, wenn er diesmal nicht auch ein Handtuch und Duschgel mitnehmen würde. Man kann ja nie wissen! Vorsichtshalber packt er noch seine Badehose dazu. Wenn schon duschen, dann wenigstens nicht nackt!

Auf das Duschgel kommt seine Sporthose, darauf dann die Socken und das Unterhemd, die Schienbeinschoner und die Stutzen. In die Seitentaschen gehört jeweils ein Schuh. In den linken legt Niklas seinen Glücksbringer.

Zwei Nächte hat Niklas über einen Namen für seinen Gummigecko nachgedacht und dann war ihm endlich ein passender eingefallen: Raufuß! Ein passender Name für einen Gecko. Ein passender Name für den geckoflinken Niklas.

So wie ein Gecko an der Wand klebt, wird ihm der Ball an den Füßen haften, bis er ihn im gegnerischen Tor untergebracht hat. Genau wie Ballack beim 1:0 gegen Brasilien!

Ob es auch Pechbringer gibt?, fragt sich Niklas, als er zum sechsten Mal seine Tasche gepackt hat.

Ein bisschen Pech für Freddy, und Niklas hätte noch ein paar Wochen länger freie Entfaltungsmöglichkeiten auf dem Spielfeld. Eine unbekannte Sportsocken-Allergie zum Beispiel! Große rote Pickel, die fürchterlich brennen, aber kein Arzt, der Freddy helfen kann. Ein Hundebiss in die Wade! Mindestens drei Wochen Pause für Freddy. Ein kleines ölverschmiertes Blatt, zum Ausrutschen für Freddy wunderbar geeignet.

„Vergiss deine Zartbitter-Schokolade nicht", stört Niklas' Mutter die wilden Fantasien.

Sein weißes Lieblings-Trainingstrikot mit dem roten Zickzack-Blitz bleibt diesmal zu Hause. Die Vereinstrikots liegen im Wäschezimmer des Vereinshauses. Der Trainer wird sie den Jungs persönlich überreichen.

Und dann ist es endlich so weit!

Der Sonntag ist da!

Noch nicht ganz aus seinen Träumen aufgewacht, spürt Niklas schon die Bewegung in seinem Bauch. Wie immer,

wenn etwas besonders Aufregendes zu erwarten ist. Je näher das Ereignis heranrückt, desto mehr meldet sich sein Magen. Das Grummeln hört kaum mehr auf. Es brummt, poltert und blubbert in ihm. Seine Gefühle wirbeln durcheinander, als würden sie den Dreifach-Looping in der Achterbahn mitten in seinem Bauch fahren. Aufregung, Angst, Freude, Unsicherheit, Anspannung – alles durcheinander. Bis hoch in den Hals, wenn er nur an das Freundschaftsspiel denkt. Und er kann an nichts anderes denken!

Nicht mal seine Cornflakes schafft er ganz vor lauter Aufregung. Normalerweise verputzt Niklas morgens zwei Schüsseln. *Eine* Schüssel isst er morgens nur dann, wenn seine Mutter wieder einmal mit ihrem Vollkorn-Früchte-Müsli ankommt. „Das ist viel gesünder!“, sagt sie. Aber so schmeckt es leider auch.

Heute darf Niklas Cornflakes essen, aber die halbe Schüssel lässt er stehen. Mehr kann er nicht.

„Müssen wir nicht los?“, fragt er.

„Du hast noch eine Stunde“, antwortet seine Mutter.

Eine Stunde! Niklas weiß nicht, wie er diese Stunde noch aushalten soll.

Sein Vater kommt aus dem Badezimmer geschlurft. Er will Niklas’ erstes Spiel sehen, kommt deshalb mit und fährt Niklas hin. Aber er ist noch nicht mal angezogen! Nach Niklas’ Meinung müssten sie nun wirklich mal los, aber sein Vater dümpelt noch in Unterhose durch die Küche, schenkt sich einen Kaffee ein und packt Brötchen in den Backofen zum Aufbacken. Zum Aufbacken! Das dauert doch ewig!

„Na, fit?“, fragt sein Vater.

Niklas wundert sich über die Frage. Natürlich ist er fit. Von seinem Vater dagegen hat er ganz und gar nicht den Eindruck.

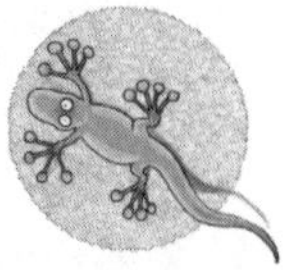

„Ich kann auch mit dem Fahrrad fahren!“, schlägt Niklas vor.

„Keine Panik!“, beruhigt sein Vater. „Wir haben alle Zeit der Welt!“

Fünfundfünfzig Minuten lang sitzt Niklas in seinem Zimmer und versucht, keine Panik zu haben, als es nach aller Zeit der Welt dann endlich losgeht.

Auch auf dem Autositz rutscht Niklas von einer Pobacke auf die andere. *Mit dem Auto über den ganzen Verkehr hinweg direkt zum Vereinsheim fliegen, das wäre jetzt super!*, träumt er. *Aber Papa als Pilot?*

Heiko, der Torwart, ist der Erste, dem Niklas auf dem Sportplatz begegnet. Heiko ist immer als Erster da. Heute ist sogar Tobias überpünktlich. Das gehört sich so für einen guten Mannschaftskapitän, sagt er. Denn heute trägt ja Tobias statt Freddy die Binde. Auch Kay ist schon da und Stefan.

Niklas ist als Fünfter aus seiner Mannschaft auf dem Sportplatz eingetroffen. Da hätten sie ruhig ein bisschen eher losfahren können, findet er.

Während die Restlichen eintrudeln, beginnt Niklas schon, in der Umkleidekabine seine Sportsachen auszupacken.

Ein einziges „Hallo“ und „Wie geht’s?“.

Die anderen erzählen von Fernsehsendungen, die am frühen Abend des Vortages gelaufen sind, von der Sportschau, wie blind dieser oder wie toll jener gespielt hat. Nur Niklas hat diesmal keinen Kopf dafür. Er konzentriert sich auf das bevorstehende Spiel.

Bis Freddy die Kabine betritt. Als Letzter von allen, aber dafür am lautesten. Freddy übertönt alle.

Niklas hebt den Kopf.

„Der mit seinem ständigen Gerede von Freundschaft, Mannschaftsgeist und jedem eine Chance!", meckert Freddy laut und vergewissert sich mit einem schnellen Blick, dass der Trainer nicht im Raum ist, bevor er fortfährt: „Was ist das für ein Trainer, der einen Eierkopf auf Stelzen auflaufen lässt?"

Alle wissen, wen Freddy meint.

Niklas' Kopf wird knallrot. So fühlt er sich wenigstens an. Wie eine heißgekochte Tomate.

Damit keine Missverständnisse aufkommen, dass Freddy es tatsächlich auf Niklas abgesehen hat, stellt er sich breitbeinig vor ihm auf und lästert weiter: „Keine Tricks drauf, aber beim Trainer anschleimen, oder wie, du Holzfuß!"

Niklas blickt Freddy an, schweigt aber.

Stattdessen meldet sich Tobias zu Wort.

„Hey Freddy! Lass ihn! Es gibt noch andere, die Fußball spielen können, okay? Mach ihn nicht nervös vor dem Spiel! Wir sind schließlich *eine* Mannschaft!"

„Hört euch den an! Nur weil du heute mal die Kapitänsbinde tragen darfst, klopfst du hier gleich die dicken Sprüche!", entgegnet Freddy bissig.

„Du nervst!“, winkt Tobias verärgert ab. „Wir werden heute unser Bestes geben. Davon wirst du uns nicht abhalten, du Großmaul. Mal schauen, ob Niklas vielleicht nicht sogar besser spielt als du, wenn er heute zum ersten Mal dabei ist. Oder, Niklas?“

Niklas hat das Gefühl, dass sein Kopf noch roter wird als ohnehin schon. Roter geht’s ja gar nicht mehr. Besser spielen als Freddy! Was erzählt Tobias denn da? Wie sollte Niklas besser sein als Freddy? Gut will er sein, alles geben. Aber besser als Freddy, der Ballkünstler? Unmöglich!

Freddy schaut Tobias wütend in die Augen. Doch Tobias hat schon wieder abgedreht und Freddy einfach so stehenlassen.

„Die Trikots!“ Der Trainer schleppt einen großen Koffer in die Kabine, legt ihn in die Mitte des Raumes auf den Boden und öffnet den Deckel. Darin liegen alle Trikots der Mannschaft sauber gewaschen und ordentlich gebügelt.

Jeder in der Mannschaft hat seine eigene Nummer und sucht sich der Reihe nach sein Trikot heraus. Nur Niklas weiß nicht, welche Nummer er hat. Schließlich hat er noch nie mitgespielt.

Der Trainer steht wortlos neben dem Koffer. Im Training hält er gerne richtige Vorträge. Jetzt nicht. An einem Spieltag sagt er immer nur das Nötigste. Aufmunternde Parolen in der Kabine sind in seinen Augen unnötig.

Niklas wartet, bis alle ihre Trikots abgeholt haben und schaut, welche noch übrig sind: die 14, die 16 und die 19.

Na toll!, denkt Niklas. Was für blöde Nummern! Ihm fällt

kein einziger bekannter Spieler ein, der eine dieser Nummern tragen würde.

Freddy hat sich wie immer seine 10 herausgeholt.

Plötzlich packt der Trainer ihn am Arm.

„Heute bist du draußen, Freddy. Gib Niklas die 10. Du kannst dir eines der anderen Trikots nehmen."

Freddy schaut den Trainer an, als ob der von ihm verlangt hätte, er solle vom Zehn-Meter-Turm in eiskaltes Wasser springen. Freddy ist unfähig, etwas zu antworten oder irgendetwas zu tun.

„Na los. Hab dich nicht so!", sagt der Trainer.

Freddy lässt das Trikot einfach auf den Boden fallen und verlässt wortlos die Kabine; nicht ohne Niklas vorher noch einen tödlichen Blick zuzuwerfen.

„Mach dir nichts draus", meint der Trainer. „Der beruhigt sich schon wieder."

Niklas hebt das Trikot vom Boden auf und betrachtet die Nummer 10 ehrfurchtsvoll. Sein Lieblingsspieler Ballack trägt zwar die 13, aber die 10 ist eine magische Zahl.

Viele große Spielmacher in der Fußballgeschichte haben die 10 getragen. Wer die 10 trägt, ist in der Regel der Chef auf dem Platz.

„Du bist heute unsere Nummer 10. Mach was draus!", sagt der Trainer.

Und Niklas läuft schon wieder puterrot an.

Jetzt schnell zurück, die Hose, die Socken und das Unterhemd an und drüber die magische Nummer 10.

Fehlen nur noch die Schuhe.

Die Seitentaschen sind schon offen.

Niklas wundert sich.

Hatte er sie doch schon aufgemacht?

Er fasst in die Seitentasche.

Leer!

Niklas sucht hektisch.

In der Tasche? Nein!

Neben der Tasche? Auch nicht!

Unter der Sitzbank? Unsinn!

Sie können nur in den Seitentaschen sein.
Aber dort sind sie nicht!

Er hatte sie doch bestimmt eingepackt? Oder stehen sie doch noch zu Hause?

Alle anderen sind mittlerweile schon draußen auf dem Platz.

Wie soll er ohne seine Schuhe spielen?

Plötzlich steckt Tobias seinen Kopf zur Tür herein. „Was ist los, Niklas? Beeil dich. Höchste Zeit!“

Niklas sagt nichts und reagiert nicht. Zwei Rinnsale aus Tränen laufen über seine Wangen.

„Was ist denn mit dir los?“, wundert sich Tobias.

„Meine Schuhe … sind … weg!“, schluchzt Niklas und kann es selbst immer noch nicht glauben.

Tobias starrt auf Niklas’ Füße, die nur Socken tragen. Einen Moment überlegt er. Dann nimmt er Niklas an die Hand.

„Du spielst heute auf jeden Fall, und wenn du mit deinen Straßenschuhen spielst“, entscheidet er und zieht Niklas hinter sich her zum Trainer draußen auf der Bank.

Der Trainer wundert sich, weshalb Tobias und Niklas Hand in Hand zu ihm kommen, statt auf den Platz zu laufen.

Noch ehe er Niklas’ Strumpfsocken-Füße sieht, erklärt Tobias: „Niklas’ Schuhe sind geklaut worden. Was sollen wir jetzt tun?“

„Geklaut?“, fragt der Trainer ungläubig.

„Jedenfalls sind sie nicht mehr da“, sagt Tobias und zuckt mit den Schultern. „Vergessen hat er sie nicht. Oder?“

Niklas schüttelt den Kopf. Nein, vergessen hat er sie nicht. Bestimmt nicht! Fünfzehn Mal hatte er den Inhalt seiner Tasche überprüft. Seine Mutter hatte ihn schon für verrückt erklärt. Ganz bestimmt hatte er die Schuhe dabei!

In dem Moment nähert sich Freddy der Ersatzbank.

„Was ist los?“, fragt er.

Tobias erklärt es ihm.

„Na, so ein Pech“, kommentiert Freddy. „Da hast du endlich die Chance zu spielen und dann vergisst du deine Schuhe, du Holzkopf!“

Niklas würde Freddy jetzt am liebsten auf die Nase boxen. Aber erstens gehört sich das nicht für einen Sportler. Und außerdem ist Freddy älter, größer und stärker als er. So ballt Niklas nur die Fäuste und kämpft gegen seine Tränen an.

Tobias schaut Freddy mit finsterem Blick an.

Doch Freddy zuckt unschuldig mit den Schultern.

„Tja, wird wohl nichts mit deinem Einsatz, Niklas! Tut mir sehr leid für dich.“ Die Schadenfreude in Freddys Ton ist nicht zu überhören. Besonders als er fragt: „Soll ich mich fertig machen, Trainer?“

Der Trainer schaut prüfend auf Freddys Schuhe.

„Welche Schuhgröße hast du eigentlich, Freddy?“, fragt er.

„38!“, antwortet Freddy ahnungslos und sieht verblüfft auf seine Füße herab. „Wieso? Meine Schuhe passen mir prima. Ist was mit denen?“

„Und du?“, fragt der Trainer jetzt Niklas.

„Ich auch!“, antwortet Niklas, ohne sich etwas dabei zu denken.

„Na, so ein Glück!“, freut sich der Trainer. „Dann passen dir Freddys Schuhe!“

Freddys Augen sind plötzlich starr wie Glaskugeln.

Glück!, fällt Niklas ein. In seinen Schuhen lag doch sein Glücksgecko! Der ist jetzt auch verschwunden!

„Na los, mach. Zieh deine Schuhe aus, Freddy. Probier sie mal an, Niklas!“, drängt der Trainer mit Blick auf die Uhr. „Nur noch zwei Minuten bis zum Anpfiff! Und Niklas muss sich auch noch warm laufen.“

Freddys Stirn verzieht sich. Er ist fassungslos und schüttelt ungläubig den Kopf. In Zeitlupe bückt er sich, um seine Schuhbänder zu lösen. Als ob er darauf wartete, dass der Albtraum jeden Moment beendet sein möge.

Plötzlich stoppt Freddy in seiner Bewegung und baut sich wieder vor dem Trainer auf.

„Meine Beckhams abgeben? Das geht gar nicht. Die …“, verzweifelt sucht er nach einer Begründung, „… darf ich nicht verleihen.“

„Du hast die Wahl, Freddy“, verkürzt der Trainer das Gemaule. „Du leihst Niklas deine Schuhe im Sinne der Mannschaft oder du bist die nächsten drei Wochen garantiert nur Ersatz.“ Er schaut wieder auf die Uhr.

Alle wissen, was diese Maßnahme für Freddy bedeutet. Seine Fußballschuhe sind für ihn so etwas wie für Niklas’ Mutter die Handtaschen. Nicht einmal der besten Freundin Claudia würde Mama eine ihrer Taschen freiwillig ausleihen!

Freddys Schuhe sind die besten vom Besten. Und die neuesten. Freddy hat immer die neuesten Fußballschuhe, die es auf dem Markt gibt. Niklas hat sich schon öfter gefragt, wo er die alten lässt. Seine Ausstattung müsste schon einen halben Schrank füllen. Vielleicht verkaufen seine Eltern sie aber auch immer bei eBay. Jetzt trägt Freddy jedenfalls wieder die ganz neuen im David-Beckham-Design, farblich

voll im Trend: weiß in weiß. Und ausgerechnet die soll Freddy an Niklas verleihen!

„Hinsetzen, anprobieren! Aber Tempo jetzt!“, befiehlt der Trainer Niklas in hektischem Ton.

Mit schweißnassen Händen will Niklas die Schuhe entgegennehmen. Aber er muss sie Freddy regelrecht aus der Hand ziehen, weil der sie bis zum Schluss festhält.

„Du spielst mit Stefan auf der linken Seite“, beginnt der Trainer schon mit seinen Anweisungen, gerade so, als ob Niklas schon startklar in den Ersatzschuhen stünde. Aber Niklas hält die Schuhe noch in der Hand. Er spürt das weiche Leder. Viel weicher als seine blöden Schuhe aus dem Schuh-Discount. *In Freddys Superschuhen spielen?*, denkt er. *Ob Glücksbringer auch aus der Ferne Glück bringen?*

„Dort hinten der Große mit den langen schwarzen Haaren ist Benjamin“, erläutert der Trainer weiter. „Auf den musst du gut aufpassen, das ist ein harter Bursche. Der fackelt nicht lange. Da darfst du keine Angst haben und musst wieselflink sein.“

Wie ein Wiesel?! Nein! Aber wie ein Gecko!, denkt Niklas. Er weiß nicht, wohin er zuerst schauen soll. Auf den Schuh oder auf den Platz zu Benjamin. Dann endlich zieht er sich den ersten über. Er schlüpft als Erstes in den linken, wie immer, wenn alles gutgehen soll. Darin ist Niklas sehr abergläubisch. Seine Zehen tasten sich nach vorn, die Ferse rutscht in den Schuh.

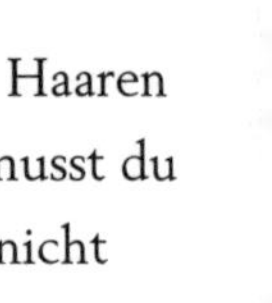

„Passt!“, meldet Niklas. *Das bisschen Luft vorne an der Zehe wird nicht schaden*, denkt er bei sich, während er ihn zuschnürt. Der prüfende Druck mit dem Zeigefinger auf die Schuhspitze vom Trainer bleibt aus. Niemand merkt, dass er ein bisschen gelogen hat. *Besser zu groß als zu klein*, denkt er.

„Jetzt los, ab zu Stefan, und nicht vergessen: Rudi vorne anspielen!"

Der Trainer schubst ihn aufs Spielfeld. Die letzten Sekunden vor dem Anpfiff laufen.

Freddys Gesicht hat seltsame Züge bekommen. Er! Freddy, der Ballkünstler! Auf der Ersatzbank! In Socken! Seine Chancen, eingesetzt zu werden, sind gleich null. Denn auf Strümpfen kann er ja wohl nicht eingewechselt werden.

Niklas läuft aufs Spielfeld. Was für ein Gefühl! Die Schuhe fühlen sich an, als ob er barfuß auf Watte läuft; so leicht, beinahe schwerelos. Auch der Platz ist völlig anders. Zwar ist das ihr Trainingsplatz, aber jetzt, kurz vor dem Anpfiff eines echten Spiels, mit ihm – Niklas – als Nummer 10, fühlt sich auch der Platz völlig anders an als sonst. Sogar Tornetze sind aufgehängt. Das ist sonst nie der Fall, schon gar nicht bei einem Freundschaftsspiel. Aber nach ihnen folgt ein Pokalspiel der A-Jugend. Und deshalb sind schon die Netze aufgehängt. Niklas wirft noch einen schnellen Blick zur Bank. Er sieht, wie der Trainer Freddy zur Seite nimmt und eindringlich auf ihn einredet.

Was müssen die jetzt besprechen?, fragt sich Niklas. *Will er Freddy doch noch einsetzen?*

Niklas läuft sich warm, lässt aber die beiden nicht aus den Augen. Es ist völlig ungewöhnlich, dass der Trainer unmittelbar vor einem Spiel so viel redet.

Selbst als das Spiel schon angepfiffen ist, beobachtet Niklas die beiden aus den Augenwinkeln weiter.

Freddy sitzt still und fast bewegungslos neben dem Trainer, der viel mit seinen Händen spricht, wie er es bei seinen Vorträgen immer macht. Er lässt sich dann nicht unterbrechen. Freddy macht auch keinen Versuch.

„Augen auf!“, brüllt Stefan von der Seite.

Der Ball, den Stefan ihm zugepasst hat, ist gegen Niklas’ Rücken geprallt und von dort ins Aus getrudelt. Fast wäre Niklas sogar über den Ball gestolpert. Mann, wäre das peinlich gewesen!

„Du Pennmütze!“, pfeift Stefan ihn an.

Die ersten Ballwechsel seit Spielbeginn hat Niklas wirklich komplett verpennt, weil er ständig zum Trainer und zu Freddy geschaut hat.

Aber jetzt konzentriert er sich. So weit kommt es noch, dass er vor lauter Glotzen nach Freddy doch noch vom Platz genommen wird und seinen Posten für ihn räumen muss.

Den Ball hole ich mir wieder!, nimmt Niklas sich fest vor. Er schaut genau auf die Körperbewegung des einwerfenden Gegners, ahnt, wo der hinwerfen wird, saust los in dem Moment, als der Gegner einwirft. Seine Ahnung stimmte. Noch ehe der gegnerische Mitspieler begreift, dass er angespielt wurde, ist Niklas schon da, spitzelt ihm den Ball vor den Füßen weg, hat ihn, konzentriert sich jetzt voll und ganz auf sein Dribbling, schlägt zwei flinke Haken, ist damit auch am nächsten Gegenspieler vorbei und macht sich mit Volldampf auf den Weg zum gegnerischen Tor.

Was für ein Gefühl in diesen Schuhen! Das Dribbeln fällt damit viel leichter.

Benjamin stampft auf ihn zu. Niklas nimmt ihn nur als Schatten wahr, aber er weiß, dass er es ist. Die Worte des Trainers hallen ihm im Ohr: *Der fackelt nicht lange. Der schlägt zu. Wieselflink sein.*

Geckoflink, schießt es Niklas durch den Kopf. Vielleicht weiß Benjamin gar nicht, was ein Gecko ist. Aber jetzt wird er lernen, wie schnell ein Gecko verschwindet, wenn er bedroht ist.

Benjamin ist nun an ihm dran.

Niklas hebt seinen rechten Fuß über den Ball, dann den linken, dann wieder den rechten. In einem höllischen Tempo macht er einen Übersteiger nach dem anderen, seinen Blick auf Benjamins Füße fixiert. So hat Niklas es immer wieder geübt. Er hat den Ball immer noch nicht gespielt. Benjamin macht einen Ausfallschritt nach links, will nach dem ruhenden Ball treten. Genau auf diese Bewegung hat Niklas gewartet. Benjamins Beine stehen auseinander.

Niklas tickt den Ball nur an. Er streichelt ihn fast nur mit dem neuen Schuh, das genügt, dass Benjamin ins Leere tritt und der Ball ihm durch die Beine flutscht. Getunnelt! „Durch die Hosenträger", wie sein Trainer immer sagt. Peinlicher geht's nicht für einen Abwehrspieler.

Jetzt zischt Niklas ab. Der Weg ist frei und Niklas kann in aller Ruhe zu Rudi flanken.

Rudi wird nicht umsonst das Ungeheuer genannt. Er nimmt den Ball volley aus der Luft. Der gegnerische Torhüter

spürt nur den Luftzug, sieht den Ball gar nicht, der wie eine Kanonenkugel an ihm vorbeisaust. Außerdem stand er viel zu weit vor seinem Kasten.

1 : 0. Durch Niklas' Vorlage!

Niklas fühlt sich schwerelos wie seine Füße in Freddys Wunderschuhen. Stolz fliegt er über den Platz, springt Rudi an den Hals zur immer größer werdenden Glückwunschtraube.

Der Trainer jubelt, reckt beide Daumen empor und spendet einen Extrabeifall für Niklas' Flanke. Niklas glüht vor Stolz.

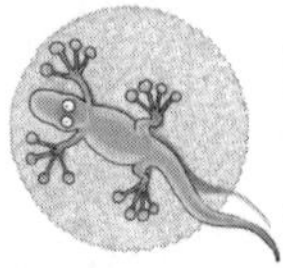

Und Freddy?

Der ist verschwunden. Jedenfalls sitzt er nicht mehr auf der Bank.

Egal, denkt Niklas. Was geht ihn Freddy an? Hauptsache, der Trainer hat alles gesehen.

Niklas geht wie alle anderen zurück auf seinen Posten.

Der Schiedsrichter pfeift das Spiel wieder an.

Die Gegner führen den Anstoß aus.

In diesem Moment kommt Freddy von hinten aus dem Vereinshaus auf die Ersatzbank zurück. Er läuft immer noch auf Socken und trägt einen Plastikbeutel.

„Weiter so!", ruft der Trainer auf den Platz, während Freddy neben ihm die Tüte auspackt.

Und für einen Moment glaubt Niklas tatsächlich, dass es seine Schuhe sind, die Freddy da aus der Plastiktüte zieht!

Nein! Nicht noch mal den gleichen Fehler! Pennmütze lässt sich Niklas nicht noch mal nennen! Nicht ablenken lassen!

Jetzt zählt das Spiel. Nur das Spiel.

Noch immer schwebt er auf Wolke Nummer 10. Nummer 10, die trägt er und die verpflichtet. Eine Flanke, die direkt zum Tor führte, hat er schon gegeben. Aber er kann noch mehr, das weiß er. Warum sollte er dem Spiel nicht seinen Stempel aufdrücken? Niklas hat Mut gefasst und das nötige Selbstvertrauen getankt. Er kann das. Bestimmt!

Nicht nur auf den ballführenden Spieler schauen, sondern gerade auch die sehen, die den Ball nicht haben. Die Anspielmöglichkeiten, die Laufwege erahnen. Ein Spiel lesen! Davon sprechen sie im Fernsehen immer. Meinen die das? Niklas spürt plötzlich seinen Herzschlag. Sein Puls rast, sein Schädel brummt vor Aufregung. Sollte er das Talent dazu haben, ein Spiel zu lesen?

Sein Gegenspieler Benjamin zum Beispiel. Der steht gar nicht mehr bei ihm. Der hat die Seite gewechselt. Dafür ist ein anderer auf seine Seite gerückt. *Ich sollte auf Benjamin achten, Stefan auf den anderen. Jetzt sind beide frei. Weil sie die Seiten gewechselt haben. Wir haben das nicht mitbekommen,* stellt Niklas plötzlich fest.

„Achtung, Stefan!“, ruft Niklas über den halben Platz zu Stefan. „Du musst Benjamin übernehmen!“

Noch während er das ruft, rast Niklas auf den neuen Gegenspieler zu, obwohl der gar nicht den Ball hat.

Und tatsächlich: Gerade als Niklas bei ihm ankommt, wird sein Gegenspieler angespielt. Aber Niklas ist schneller und geht dazwischen. Er erwischt den Ball und leitet den Konter ein.

Nicht laufen!, ruft ihm eine innere Stimme zu, *sondern einen langen Pass spielen*. Niemand ist so schnell wie ein Ball.

Nur kurz hebt Niklas den Kopf. Er sieht nicht, wer da vorn steht, sieht nur die Farbe des Trikots, seine Farbe. Das muss Rudi sein. Niklas legt alle Konzentration in sein starkes linkes Bein. Sein Gegenspieler hat immer noch nicht gemerkt, dass Niklas Linksfüßer ist, und attackiert den rechten Fuß. *Pech gehabt, Pfeifenkopf!*, freut er sich und passt. Der Ball fliegt weit über zwanzig Meter direkt zu Rudi.

„SUPER!“, hört Niklas von irgendwo. Wenn ihn nicht alles täuscht, war das die Stimme seines Trainers.

Rudi lässt den Ball von der Brust tropfen, holt aus, da rutscht ihm ein Gegner mit beiden Füßen voran in die Beine.

Rudi brüllt wie am Spieß und geht zu Boden. Er wälzt sich im Dreck vor Schmerz.

„Sauerei!“, schreit der Trainer wütend.

„Voll die Blutgrätsche!“, beschwert sich Stefan.

Der Schiedsrichter pfeift sofort ab und rennt zur Unfallstelle. Mit mitleidigem Blick schaut er auf Rudi und ermahnt den Gegenspieler: „Sag mal, bist du bescheuert? Wir sind hier nicht beim Kung-Fu!“

„Was denn?“, wiegelt der Gegenspieler ab. „War doch gar nichts. Der schauspielert doch!“

Der Schiedsrichter schüttelt fassungslos den Kopf und zeigt ihm die Rote Karte. „Darüber kannst du draußen mal nachdenken!“

„Blödmann!“, beschimpft der Spieler den Schiedsrichter und trottet beleidigt vom Platz.

Niklas' Trainer ist längst zu Rudi gelaufen und hilft ihm hoch. Der hat offenbar große Schmerzen und kann kaum noch humpeln.

„Das muss ja nun wirklich nicht sein!", wendet der Trainer sich an den Schiedsrichter. „Ich meine, das sind Kinder, die hier spielen!"

Der Schiedsrichter zuckt entschuldigend mit den Schultern. „Mehr als die Rote Karte kann ich nicht geben!"

Tobias steht nun dicht bei Niklas. „Das bedeutet Krieg!", flüstert er Niklas ins Ohr. „Wenn die das nicht anders wollen, können sie Krieg haben!"

Niklas zuckt erschrocken zusammen. Krieg? Spinnt Tobias? Doch bevor er etwas erwidern kann, ist Tobias schon weitergezogen, um die anderen Mitspieler zu informieren. Niklas sieht nur, wie er den anderen mit geballter Faust etwas ins Ohr flüstert.

Oje!, denkt Niklas, als er sieht, wie der große, dicke Benjamin auf ihn zukommt. Mit grimmiger Miene, bereit zum Kampf.

Das, was Niklas jetzt in dem Spiel liest, lässt ihn Furchtbares erahnen.

Den Freistoß schießt Demir. Voll in die Mauer. Und trifft den besten Abwehrspieler der Gegner mitten ins Gesicht. Der sackt zusammen wie eine Schießbudenfigur.

Mist!, denkt Niklas

„Super!", freut sich Tobias.

Und Benjamin empört sich: „Das hat der mit Absicht gemacht. Das wird der büßen!"

Aber zum Glück pfeift der Schiri erst mal zur Halbzeit. Niklas' erster Blick geht zur Bank. Der Trainer klatscht ermunternd in die Hände und macht sich für seinen Halbzeit-Vortrag bereit. Alle versammeln sich in der Kabine und sind gespannt, was er zu sagen hat.

„Also, zuerst eine Neuigkeit für alle. Wenn ihr mal eure Schuhe vermisst, dann fragt Freddy. Hier, Niklas, Freddy hat deine Schuhe gefunden! Das Rätsel für ihr Verschwinden bleibt …", der Trainer wirft Freddy einen mahnenden Blick zu, „… vorerst ungeklärt. Hauptsache, Freddy kann sie immer wieder auffinden."

Freddy weicht allen Blicken aus. Stattdessen schaut er auf seine Schuhe, die Niklas immer noch trägt. Er hatte sie am Morgen extra noch mal mit einer Spezial-Leder-Tinktur eingerieben. Und jetzt? Braune, schwarze und grüne Streifen verschmieren das weiße Leder!

Blödmann!, denkt Niklas. *Schuhe klauen, wie bescheuert ist das denn?* Man kann seine Gedanken fast auf seiner Stirn lesen.

„Kann das Fundbüro Freddy auch meinen Schal auftreiben, der plötzlich verschwunden ist?", ruft Tobias in die Runde.

Breites Grinsen in allen Gesichtern.

Freddy schweigt. Ist auch besser so. Wie konnte er nur glauben, dass ihn diese Aktion zurück aufs Spielfeld bringt?

„Schluss mit dem Theater! Jetzt reden wir übers Spiel." Der Trainer klatscht in die Hände und übernimmt das Wort. Alle verstummen und hören aufmerksam zu. Noch nie war es in Niklas' Klasse so ruhig wie in der Mannschaftskabine bei den Ansprachen seines Trainers. Dabei sind gerade hier alle versammelt, denen die Lehrer so gern bescheinigen, niemals ruhig sitzen zu können.

„Niklas!“, spricht der Trainer ihn jetzt direkt an. „Dein Pass war Weltklasse!“

Niklas lässt sich das Wort auf der Zunge zergehen wie seine Lieblings-Spaghetti mit Tomatensoße. Weltklasse! Genau das hat der Trainer gesagt.

Tobias reißt Niklas aus seinen stolzen Gedanken.

„Aber dann haben sie Rudi brutal niedergemäht. Rache ist Blutwurst!“

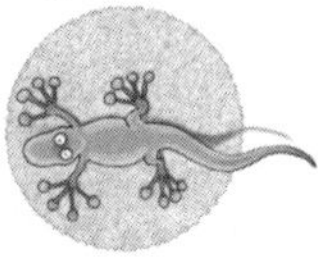

„Genau!“, pflichtet Stefan ihm bei. „Die machen wir nieder!“

„Hey! Hey!“, ruft der Trainer dazwischen. „Spinnt ihr, oder was? Wir treiben hier Sport, verstanden? Wir sind Sportler und keine Schläger! Ich will ein faires Spiel, damit das klar ist! Wer Dummheiten macht, den nehme ich vom Platz.“

Um seine Worte zu unterstreichen, geht er direkt auf Tobias zu.

„Ob das klar ist?“, fragt er in scharfem Ton, weil Tobias für einen Moment abgelenkt erschien.

„Ja!“, druckst Tobias heraus. „Aber …“

„Nix aber!“, fährt der Trainer ihm über den Mund. „Keine fiesen Aktionen. Und lasst euch nicht provozieren! Wir machen sie spielerisch fertig. So wie Niklas es euch vorgemacht hat!“

Niklas fühlt sich wie vom Blitz getroffen. Er, der ewige Ersatzspieler, ist plötzlich das Vorbild der Mannschaft.

„Kampf, Einsatz …“

„… bis Blut kommt!“, beendet Tobias den Satz.

„Nein, du Knalltüte!“, pflaumt der Trainer ihn an. „Bis Tore kommen!“

Dann wendet er sich an Freddy.

„Rudi muss leider draußen bleiben. Sein Knöchel ist geschwollen. Du spielst deshalb gemeinsam mit Niklas vorn!“

Wir zusammen?, wundert sich Niklas.

Freddys Überraschung ist auch nicht zu übersehen. „Mit Niklas?“

Der Trainer übergeht Freddys Frage. „Zieht endlich wieder eure Schuhe an, und ab!“

Was für eine verrückte Idee! Ausgerechnet Niklas und Freddy zusammen?

„Tobias bleibt weiter Mannschaftskapitän“, bestimmt der Trainer. „Aber nur, wenn er auf dem Platz nicht den Rambo macht! Klar?“

„Klar, Trainer!“, verspricht Tobias.

„Bei euch alles klar, Jungs?“, ruft der Trainer in die Runde.

„Klar, Trainer!“, schallt es ihm brüllend laut entgegen.

Freddy überspielt seine Enttäuschung über die verlorene Kapitänsbinde. Auch er ruft dem Trainer entschlossen entgegen.

„In dreißig Minuten sehe ich euch wieder hier, Jungs“, verabschiedet der Trainer die Mannschaft. „Als klare Sieger!“

„Trainer?“

Es ist Freddy, der zurückbleibt, während alle anderen schon die Kabine verlassen.

Auch Niklas bleibt stehen. Nun spielt Freddy doch. Was hat er denn nun noch?

„Ja?“, fragt der Trainer.

„Ich …“, beginnt Freddy kleinlaut. Dass er eine Halbzeit nur Ersatz war, hat ihm offenbar doch sehr zu schaffen gemacht. „Ich spiele besser mit meinen eigenen Schuhen!“

Der Trainer verzieht den Mund kurz zu einem Schmunzeln.

„Klar!“, antwortet er. „Tauscht halt wieder!“

Schade!, denkt Niklas. In den tollen Fußballschuhen spielte es sich wirklich viel besser. Aber da seine ja nun wieder da sind, bleibt ihm nichts anderes übrig, als schweren Herzens Freddys tolle Schuhe herauszurücken und sich seine alten wieder überzuziehen.

Er setzt sich auf die Bank in die Umkleidekabine, zieht wie immer den linken zuerst an und … *Passt nicht!,* erschrickt Niklas. Das kann doch nicht sein! Sein eigener Schuh passt nicht mehr?

Doch dann fällt es ihm wieder ein: Raufuß! Fast hätte er ihn vergessen! Schnell fischt Niklas seinen Talisman aus dem Schuh heraus und legt ihn …

Wohin?

„So! Los jetzt!“, drängelt der Trainer.

Freddy ist schon fertig und rennt hinaus. Niklas läuft hinterher. Mit Raufuß in der Hand. Das geht doch nicht! Er kann doch nicht die gesamte zweite Halbzeit seinen Talisman in der Hand behalten! Am Spielfeldrand bleibt Niklas stehen und sieht sich um.

Wohin? Wohin? Wohin? Wo nur soll er Raufuß hintun?

Der Anpfiff ertönt.

„Was ist?“, ruft der Trainer. „Auf deinen Platz!“

„Ja!“, ruft Niklas zurück und bleibt trotzdem stehen.

Schnell rast Niklas zur Ersatzbank.

„Willst du nicht spielen?“, wundert sich der Trainer.

„Doch!“, versichert Niklas. Was für eine Frage. Mann, jetzt wäre er womöglich noch wegen seines Talismans beinahe auf der Ersatzbank gelandet. Dabei soll der ihm doch Glück bringen.

Hastig legt er den Gummigecko direkt unter die Ersatzbank.

Ein guter Platz für dich!, ruft Niklas still seinem Talisman zu. *Aber sorge dafür, dass ich nie mehr hierhermuss!*

Dann läuft Niklas zu seinem Platz. Und das bedeutet, zum Anstoß. Niklas ist Stürmer. Freddy auch. Ihre Mannschaft hat Anstoß. Und das bedeutet, er und Freddy müssen ihn ausführen. Die beiden Rivalen!

Aber jetzt hier auf dem Platz sind sie Teil einer Mannschaft. Sie müssen zusammen spielen, zusammenhalten, füreinander da sein. Obwohl der Hohlkopf Freddy gerade erst seine Schuhe hatte verschwinden lassen.

Niklas atmet tief durch. Vermutlich mögen sich auch die Nationalspieler untereinander nicht alle gleich gern, denkt sich Niklas. Aber da versteckt der eine auch bestimmt nicht die Schuhe des anderen!

Niklas nimmt sich vor, nicht daran zu denken, sondern einfach nur sein Bestes zu geben. Auch wenn er noch nicht weiß, wie er mit dem Blödmann Freddy zusammen spielen soll.

Schnell blinzelt er noch einmal zu Raufuß unter der Bank. Dort fällt er kaum auf, auch wenn sein grelles Grün hell auf dem graubraunen Sand unter der Bank hervorschimmert. Erst jetzt fällt Niklas auf, dass Raufuß auch wegen seiner Farbe gut zu ihm passt. Denn ihre Vereinstrikots sind auch grün – Gummigeckoraufußgrün.

Da ertönt schon der Wiederanpfiff. Die gegnerische Mannschaft hat auch umgestellt. Obwohl dort ja niemand so böse gefoult wurde, dass er mit blaugrünem Knöchel ausscheiden musste. In der Abwehr ist jetzt ein noch größerer Spieler eingewechselt worden.

Ein echtes Muskelpaket, denkt Niklas. Stefan und Jens wissen schon aus anderen Spielen, was sie in den Duellen mit diesem Monster erwartet. Rudi kann es nur noch von draußen verfolgen. Mit dickem Knöchel sitzt er auf der Ersatzbank. Seinen Schmerz können irgendwie alle im eigenen Knöchel spüren. Diese fiese Grätsche hätte jeden erwischen können.

Die Gegner werden wegen ihrer Trikots *Die Blauen* genannt, aber sie könnten ebenso gut wegen der vielen blauen Flecken so heißen, die sie ihren Gegenspielern verpassen. Besonders das Monster verlässt sich lieber auf seine fiesen Fouls statt auf sein Fußballspiel. Freddy hat sich bisher immer mit seinen Tricks irgendwie aus den Zweikämpfen herauswinden können. Leider hat er damit auch immer wieder Torchancen versemmelt.

„Ran an das Gruselmonster, Freddy. Direkt Richtung Tor spielen und keine Kreistänze, ja?!“, schärft Tobias ihm noch mal ein, schiebt seine Kapitänsbinde zurecht und rennt zurück auf seine Position.

„Ihr habt gehört, was der Trainer gesagt hat!“, ruft Tobias den anderen Mitspielern zu. „Keine blöden Fouls! Wir spielen sie an die Wand, okay?“

„Okay!“, rufen Kay und Stefan.

„Heiko!“, ruft Tobias dem Torwart zu. „Du kannst Picknick machen! Wir räumen vorher alles ab!“

Heiko grinst ihm mit erhobenem Daumen zu. Sein Magen knurrt schon beim Gedanken daran. Jeder aus der Mannschaft weiß, dass Heiko nichts lieber mag als Würstchen grillen. Die Vorstellung, jetzt hier an Ort und Stelle den Grill anzufeuern, weil seine Abwehr ohnehin keinen durchlässt, lässt ihm das Wasser im Munde zusammenlaufen.

Die Gegner sind mit einem Spieler weniger, aber umso fester entschlossen aus ihren Kabinen zurückgekommen. Mit wenigen Stationen überbrücken sie das Mittelfeld. Ein großer Blonder, bisher kaum zu sehen, nimmt eine Flanke direkt und donnert den Ball an Heiko vorbei. Der steht nur regungslos da, als würde er tatsächlich gerade Würstchen grillen. Rums! Zum Glück knapp am Pfosten vorbei. Das war der Warnschuss! Fast hätten sie gepatzt.

„Schlaft ihr, oder was?“, brüllt der Trainer wütend aufs Spielfeld. Viel hat zum Ausgleichstor nicht gefehlt, nicht mehr als eine Grillwurstbreite.

„Ich denke, ihr lasst keinen durch?“, schimpft Heiko mit seiner Abwehr.

Glück gehabt!, denkt Niklas und wirft Raufuß einen dankbaren Blick zu.

Sechs Wochen lang hatte Niklas darauf gewartet, endlich spielen zu dürfen. Sechs Wochen lang hatte er trainiert und auf seine Chance gehofft. Die letzten beiden Tage hatte er nicht mal richtig schlafen können vor Aufregung vor seinem ersten Spiel.

Und jetzt war er froh über den Abpfiff.

So zerfahren war das Spiel in der zweiten Halbzeit gewesen, ständig unterbrochen durch die vielen Fouls der Blauen, dass es gar keinen Spaß mehr gemacht hatte, auf dem Platz zu stehen.

Für Niklas war es keine Frage: Die Blauen waren die blödeste Fußballmannschaft der ganzen Welt! Niklas war nur glücklich, heil davongekommen zu sein. Sein verletztes Bein hatte ihm keine Schwierigkeiten gemacht und neue Verletzungen waren zum Glück nicht hinzugekommen.

Ganz anders bei den anderen: Rudi war schon in der ersten Halbzeit ausgeschieden, Tobias blutete am rechten Knie, Kay humpelte und Stefan hatte eine Beule am Kopf.

Niklas ist mit den Gedanken noch beim Spiel, als ihn sein Vater am Parkplatz vor dem Vereinshaus empfängt.

„Hey, das lief doch super! Schade, dass der Lange dich nie angespielt hat. Aber ihr habt gewonnen, was willst du mehr? Was macht dein Bein? Bist du nicht zufrieden? Und was war das für ein Hin und Her mit deinen Schuhen?“

Die Sache mit den Schuhen mag Niklas nicht erzählen. Und so sagt er nur: „Ja, aber wir hätten höher gewinnen müssen."

Er hat das ganze Spiel noch im Ohr: die Zurufe der anderen aus der Mannschaft, die Anweisungen seines Trainers, die Ermahnungen des Schiedsrichters an die Blauen, die Drohungen seines Gegenspielers, das Händeklatschen seines Vaters und einiger anderer Väter am Spielfeldrand, den Abschlussvortrag des Trainers … Vor allem aber Freddys Worte geistern ihm noch durch den Kopf.

„Das lief doch nicht schlecht." Niklas spürt noch Freddys Hand an seiner Schulter. „Kein Krieg mehr, okay?"

Er hat Niklas' Antwort gar nicht abgewartet. Sichtlich zufrieden mit sich hat er seine David-Beckham-Schuhe in die Tasche gesteckt und die Kabine wortlos verlassen.

Niklas hat ihn verstanden. Als Vorlagengeber für Freddy ist er gut genug. Findet Freddy.

Aber er hat nicht einen einzigen Ball von Freddy bekommen! Hätte Freddy nicht auch mal an ihn abgeben können?

Ein Tor im ersten Spiel, das wär's doch gewesen! Nun gut, beide Tore sind nach Vorlagen von Niklas gefallen. Rudi ist wenigstens auf ihn zugerannt und hat ihm dankbar den Arm um die Schulter gelegt. Freddy dagegen hat Niklas nicht eines einzigen Blickes gewürdigt. Freddy hat mit geballter Faust zum Himmel geschaut und sich selbst beklatscht.

Aber Niklas weiß, dass er zumindest zur Hälfte an beiden Toren beteiligt war.

Die weiteren Fragen seines Vaters während der Rückfahrt

beantwortet Niklas irgendwie, ohne richtig hinzuhören. Zu Hause aber merkt er plötzlich auf. Was hat sein Vater gerade gesagt? Auf ihn wartet eine Überraschung?

„Ja! In deinem Zimmer!“, bestätigt sein Vater. „Du hattest dir doch etwas gewünscht.“

„Neue Fußballschuhe?“, fragt Niklas sofort. „Sag schon. Neue Fußballschuhe?“

Aber sein Vater konnte ja noch gar nicht wissen, dass er sich seit heute neue Fußballschuhe wünscht.

„Fußballschuhe?“, fragt sein Vater deshalb auch verwundert. „Nein, aber, vielleicht …“ Schnell unterbricht er sich, um nichts zu verraten, und lächelt nur verschmitzt. Niklas’ Vater macht gern aus einem kleinen Pups ein riesiges Geheimnis.

„Ich hab’s schon mal auf dein Bett gelegt“, verrät er nur.

Was kann das schon sein?, fragt sich Niklas.

Seine Mutter empfängt ihn schon an der Tür und schießt gleich los: „Na, wie war’s? Habt ihr gewonnen? Hast du auch ein Tor gemacht?“

„Gut. Ja, 2 : 0 gewonnen. Ich habe beide Vorlagen gegeben“, antwortet Niklas kurz und knapp. Jetzt ist er neugierig auf die Überraschung und geht gleich in seinem Zimmer nachschauen.

Oje, denkt Niklas, als er sieht, was auf dem Bett liegt. Er erkennt es schon aus der Ferne. Wieder so ein schlaues Heft über irgendeine Stadt, von der sein Vater dienstlich nach Hause gekommen ist. Und noch nicht mal mit einem Extra. Als er kürzlich auf Dienstreise in Lübeck war, lag neben de

Touristenbroschüre wenigstens die Spezialität der Stadt, ein Marzipanbrot.

Auf diesem Heft klebt ein Zettel, darauf steht in der Handschrift seines Vaters:

Vielleicht schauen wir uns im Juni ein Spiel
zusammen in Basel an?

Zusammen anschauen? Im Juni? In Basel?, überlegt Niklas. Jetzt erst erkennt er, was es für ein Heft ist. Ein Fußballbilder-Sammelalbum zur bevorstehenden Europameisterschaft!

Aber natürlich! Das ist mit dem Spiel in Basel gemeint! Vielleicht sogar das Eröffnungsspiel? Wow! Bei einem Spiel der Fußball-Europameisterschaft dabei sein, gibt es was Größeres? Niklas setzt sich auf sein Bett und schaut wie versteinert auf die Titelseite des Sammelalbums. Er kann es noch nicht glauben. Im Juni? Vielleicht? Wieso denn nur *vielleicht?*

Es gibt wohl kein Wort, das sein Vater so oft verwendet wie *vielleicht*.

Das bedeutet dann: … vielleicht, wenn es zeitlich gerade passt, … vielleicht, falls beruflich nichts dazwischenkommt …, wenn Opa nicht gerade krank ist, … falls es nicht zu teuer ist …, vielleicht …

„Vielleicht?“, fragt Niklas, als er bemerkt, dass sein Vater in der Tür steht und ihn beobachtet.

„Ich werde mein Bestes tun, um das möglich zu machen. Versprochen! Es ist schwer, an Karten heranzukommen.

Vielleicht klappt es, wenn wir großes Glück haben!“, erklärt sein Vater und setzt sich neben Niklas aufs Bett.

„Mäuschen, dein Badewasser ist bereit. Muss ich deine Wunden wieder säubern?“, ruft Niklas’ Mutter schon vom Flur aus und steckt nur den Kopf ins Zimmer.

Trotzdem sieht Niklas sofort die Pinzette in ihrer Hand.

Niklas’ Vater lässt den Zettel ganz schnell in seiner Hosentasche verschwinden und wendet sich noch mal an Niklas: „Ach ja, und hier hast du schon mal die ersten fünf Sammelbild-Tüten.“

„Nein, nein!“, antwortet Niklas schnell seiner Mutter. „Du kannst die Pinzette wieder wegpacken, die brauchst du bestimmt nicht! Alles in Ordnung, nur kleine Schürfungen.“ Zum Beweis zieht er seine Hosenbeine hoch. „Siehst du, nichts Schlimmes“, sagt er und zieht sie gleich wieder runter, damit seine Mutter nicht genauer gucken kann. „Nichts zum Pulen!“

„Vielleicht willst du die ersten Tüten schon mal öffnen?“, fragt Niklas’ Vater.

Niklas ist dankbar für den Themenwechsel. „Ja!“, ruft er gleich begeistert.

„Na gut“, gibt seine Mutter nach. „Erzähl uns nach deinem Bad von dem Spiel. Ich koche was Schönes, Mäuschen. Dreimal darfst du raten, was.“

Und schon ist sie wieder draußen.

Kaum ist sie weg, flüstert Niklas’ Vater: „Psssst! Bis jetzt weiß Mama noch nichts von meinem Plan.“ Er legt seinen Zeigefinger auf den Mund. „Das ist vielleicht auch besser so.

Solange wir die Karten nicht haben, brauchen wir sie deswegen auch nicht nervös zu machen."

Auf diese Sorte Geheimnis lässt sich Niklas gern ein. Sonst kann er Geheimnisse, die er mit anderen teilen muss, nicht leiden. Erst recht Geheimnisse von Erwachsenen kann er nicht leiden. Aber dies ist ein großer Ausnahmefall! Hier geht es schließlich um Fußball! Und davon versteht Mama wirklich nichts!

Niklas sitzt im warmen Badewasser, da und dort brennen seine Schürfwunden. So ganz kann er das alles immer noch nicht glauben. Das ist ein richtiger Glückstag. Obwohl er kein Tor geschossen hat, wie er es sich von seinem Glücksbringer gewünscht hatte!

Aber immerhin hat er beide Vorlagen gegeben; *vielleicht* wird er bei einem Europameisterschaftsspiel dabei sein; er hat ein neues Sammelalbum und bei den Sammelbildern waren sogar gleich vier Spieler der deutschen Nationalelf dabei.

Ach ja, und dann war da ja noch Tobias! Nachdem Freddy schon weg war, hat Tobias Niklas gefragt, ob sie mal gemeinsam in der Innenstadt nach Fußballschuhen gucken wollen.

Niklas hat sofort zugesagt und sich für Dienstagnachmittag verabredet. Auch Tobias hat bisher nur Fußballschuhe, die man zwischen Schulheften, Blumen, Brot und Schraubenziehern im Supermarkt kaufen kann. Gemeinsam wollen sie im Kaufhaus in die Sportabteilung. Genauer gesagt in die Sportschuhabteilung.

Alleine wäre Niklas dort nicht hingefahren. Selbst

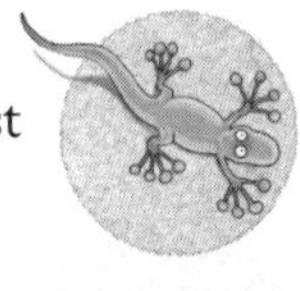

zusammen mit Tobias ist es noch die Frage, ob seine Mutter es erlaubt, ohne sie in die Innenstadt zu fahren. Die ist immerhin sieben U-Bahn-Stationen entfernt und sie leben in einer Millionenstadt!

Obwohl Tobias ihn im Trainingsspiel böse gefoult hatte, freut Niklas sich jetzt schon auf das Treffen mit ihm.

Raufuß jedenfalls hat am ersten Tag seine Arbeit als Glücksbringer gut gemacht, findet Niklas. Zur Belohnung hat der Gummigecko nun einen Ehrenplatz in der Badewanne erhalten: ganz vorn auf dem Wannenrand am Fußende. So kann Niklas ihn gut sehen.

„Fußballschuhe aus der Sportabteilung?“, fragt Niklas’ Mutter. So, als ob Niklas sich einen echten Formel-1-Rennwagen gewünscht hätte. Dabei will er einfach nur gute Fußballschuhe. Solche wie die von Freddy.

Aber wie soll er seiner Mutter den Unterschied erklären? Das Gefühl in Freddys Schuhen war einfach fantastisch! Das war wie Dribbeln auf Rasen in einem Weltmeisterschaftsstadion. Die Schuhe waren weicher als sein Gummigecko. Dagegen fühlen sich seine Schuhe an wie aus Holz gesägt.

Seine Mutter hat sich ein Paar ihrer acht Millionen Schuhe aus dem Schuhschrank angezogen und geht vor dem Spiegel im Flur auf und ab.

„Die sind weich und besonders gedämpft“, beginnt Niklas den Erklärungsversuch.

„Schade, die drücken“, stöhnt seine Mutter. Der Schuh, den sie gerade anprobiert, ist im Schrank wohl auf seltsame Weise geschrumpft. Jedenfalls hält seine Mutter ihn nun für mindestens zwei Größen zu klein und vorn für viel zu spitz.

Niklas fragt sich für einen Moment, wer den denn wohl mal gekauft hat, wenn nicht seine Mutter selbst.

Aber dann überlegt er schnell, wie er die Vorzüge eines *richtigen* Fußballschuhs beschreiben soll. *Wie Watte? Wolke? Weich wie Wasser?*, rätselt Niklas verzweifelt.

„Schade, der geht auch nicht“, sagt seine Mutter beim nächsten Schuh.

Der Schuhschrank seiner Mutter ist wie ein Schuhgeschäft. Lauter unterschiedliche Größen. Aber diesmal ist es gar nicht die Größe, die nicht passt, sondern die Höhe.

„Er ist zu flach für mein Kleid!“, sagt sie und Niklas versteht überhaupt nicht, was sie meint.

„Und meine Fußballschuhe sind zu hart für den Grandplatz!“ Ein gutes Argument, findet Niklas selbst. Toll, dass ihm das eingefallen ist. Und jetzt hat er eine noch viel, viel bessere Idee. „Das ist ungesund und macht die Füße kaputt!“

Zack. Treffer. Dagegen soll sie mal was sagen!

Tatsächlich schaut seine Mutter für einen Moment nicht auf ihre eigenen Schuhe, sondern auf Niklas’ Füße.

Die sehen natürlich überhaupt nicht krank aus.

„Extra teure Schuhe nur für deinen Fußball?“, fragt sie voller Unverständnis.

Niklas wundert sich über die Frage. Als ob seine Mutter nicht für jede Gelegenheit ein Extrapaar Schuhe hätte! Es ist fast ein Wunder, dass sie die Schuhe nicht wechselt, wenn sie vom Wohnzimmer in die Küche geht. Aber natürlich sagt er das nicht.

„Kein Problem“, sagt seine Mutter.

Niklas stutzt. Was denn? Schon überzeugt? So einfach ging das? Er wusste ja, das Argument mit der Gesundheit zieht bei seiner Mutter immer. Er freut sich und sieht sich in der Fantasie schon mit den bequemen, weichen, aschenplatzgeeigneten Fußballschuhen mit besonders gedämpften Schuhsohlen auflaufen. Freddy wird staunen!

Doch dann spricht seine Mutter weiter.

„Wir geben dir 20 Euro, also den Preis für Schuhe im Supermarkt“, sagt sie, während sie das dritte Paar schwarzer Schuhe im Spiegel anschaut, weil sie immer noch nicht weiß, welches Paar sie am Abend auf einer Party anziehen soll. Sie wird sich wohl wie immer erst entscheiden, wenn sie alle schwarzen Schuhe ausprobiert hat.

„Wie gefallen dir diese mit höherem Absatz?“, wechselt sie das Thema.

„Schlecht zum Fußballspielen!“, kommt Niklas aufs Thema zurück. „Genau wie meine Fußballschuhe!“

Er kann ohnehin keinen Unterschied zwischen Mamas Schuhen feststellen.

„Ja, die passen besser als die anderen“, spricht sie deshalb wieder mit sich selbst und dreht und wendet sich mit kritischem Blick. Dann kommt sie endlich wieder auf das wesentliche Thema zurück.

„Den Rest kannst du ja von deinem Taschengeld bezahlen.“

Rums! Das war wie ein Gegentor!

„Den Rest vom Taschengeld!“

Unwiderruflich und klar! Aus der Vergangenheit weiß Niklas: Da lässt sie nicht mit sich reden. Verhandeln ist aussichtslos.

„Vom Taschengeld?“ Das ist noch schlimmer als ein Gegentor! Das ist wie ein Eigentor!

„Ach, ich denke, doch die Schmaleren“, redet seine Mutter schon wieder mit sich selbst und greift zu einem weiteren Paar neben sich.

Niklas hört nicht mehr hin. Er geht an Mutters Schuhschrank mit den Schuhen fürs Theater, für den Strand, für die Bar, zum Tanzen, zum Bummeln, zum Spazieren, zum Wandern, zum Joggen, zum Aerobic, zum Was-weiß-denn-er vorbei in sein Zimmer.

„Nur für Fußball!"

Mutters Worte hallen in seinen Gedanken nach. Wieso denn nur für Fußball?

Und plötzlich ist er sich ganz sicher: Wäre er ein Mädchen, Schuhe fürs Ballett oder fürs Reiten oder für irgendwas anderes blödes Mädchenhaftes hätte er bestimmt sofort bekommen. Aber nur für Fußball muss er den „Rest vom Taschengeld" zahlen.

Niklas ist wütend und sauer. Ihm stehen Tränen in den Augen. Voller Zorn schnappt er sich Raufuß und feuert ihn gegen seinen Schrank. Den Schrank, in dem es nicht acht Millionen Paar Schuhe gibt, sondern nur ein Paar Fußballschuhe. Und die sind hart wie zwei Holzkisten!

Am Dienstagnachmittag pünktlich um 15 Uhr kommen Niklas und Tobias fast gleichzeitig auf den Haupteingang des Kaufhauses zu. Nachdem seine Mutter so eine blöde Entscheidung getroffen hat, hat Niklas gar nicht mehr gefragt, ob er allein in die Innenstadt fahren darf. Er hat es einfach getan. Wirklich allein. Bis zur U-Bahn-Station ist er mit dem Fahrrad gefahren. Seine Mutter hat gar nicht gefragt, wo er sich mit Tobias trifft. Tobias kam vom Kieferorthopäden und war deshalb ohnehin schon in der Stadt.

Der schwierigste Teil steht ihnen gleich am Anfang bevor. Sie müssen sich durch die Duftwolken kämpfen, die die unzähligen Parfümstände gleich am Eingang in alle Welt verströmen.

Tobias und Niklas halten die Luft an, ziehen sich ihre Shirts über die Nasen und rennen mit dicken, aufgeblähten Backen durch die Stände hindurch. Vorbei an Frauen mit knallrot geschminkten Mündern und ummalten Augen, die allesamt noch stärker Düfte verströmen als ihre Verkaufsstände.

Tobias hätte beinahe eine dieser Verkäuferinnen umgerannt, die gerade dabei ist, ein Staubkorn von allen Seiten zu untersuchen, und den hochglänzenden Tresen mit einem weißen Feuchtigkeitstuch noch sauberer wischt.

„Spinnt ihr?“, ruft sie ihnen hinterher.

Niklas und Tobias hören nicht hin. Sie haben nur ein Ziel: unbeschadet die Rolltreppe zu erreichen.

Dort angekommen, befreien sie ihre Nasen von den Shirts und atmen tief durch.

„Ich weiß nicht, wie man da den ganzen Tag stehen kann!“, pustet Tobias.

„Voll der Horror!“, findet auch Niklas.

Ein Blick auf die Anzeigetafel zeigt, dass sich die Sportabteilung in der dritten Etage befindet.

Dort ist sie auch nicht zu übersehen. Fast die ganze Etage besteht nur aus Sportartikeln. Die Logos der verschiedenen Marken sind überall auf riesigen Schildern zu sehen. Hier sind Bereiche für Sportjacken, Skijacken, Laufjacken,

Joggingjacken, Nordic-Walking-Jacken, Freizeitjacken.

„Aber wo sind die Fußballschuhe?“, fragt Niklas Tobias unsicher.

Tobias übernimmt, ohne zu antworten, die Führung durch den Sportartikel-Dschungel.

Die Jacken hinter sich lassend, vorbei an den Sporthosen, Laufhosen, Jogginghosen, Nordic-Walking-Hosen, Radhosen, Gymnastikhosen, hoffen sie, dass der Einlauf ins Ziel nicht mehr weit ist. Zwischen Sportschals, Stulpen, Mützen, Caps und Handschuhen hindurch erreichen sie die Zielgerade, die Abteilung mit Sportschuhen, Laufschuhen, Joggingschuhen, Nordic-Walking-Schuhen, Gymnastikschuhen und Fußballschuhen.

Was ist das denn?, wundert sich Niklas. *Sind wir hier in einem Schuh-Museum gelandet?*

Die große Wand am Ende ist über und über voll mit einzelnen Schuhen. Jeder steht auf einem kleinen Podest.

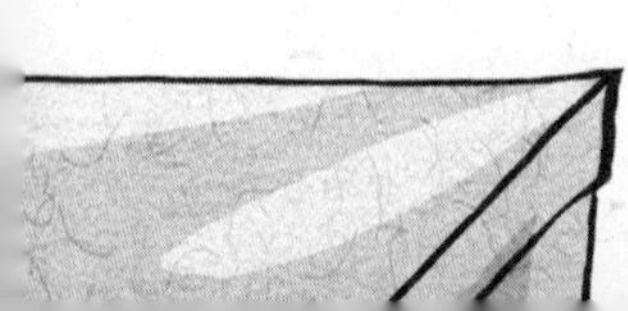

Das sieht wirklich wie die Ausstellung kleiner Kunstwerke aus. Zwischen den Regalen ragen riesige Schuhkarton-Berge, in den Gängen liegen überall offene Kartons, Deckel und einzelne Schuhe verteilt. Da und dort erkennt man Menschen, die vor sich hin tippeln, fast wie die Fußballer in den Katakomben vor dem Einlauf. Sie schauen mit einem geheimnisvollen Blick nach oben, oder schauen sie nach innen? *Sind das die Verkäufer?*, fragt sich Niklas einen kurzen Moment.

„Na, was sucht ihr denn? Seid ihr alleine hier?“, fragt eine dunkle Stimme von hinten. Niklas dreht sich um und sieht eine Hundeschnauze aus Metall vor seiner Nase, die Gürtelschnalle von einem Riesen mit breiten Schultern und halblangen roten Haaren.

„Alleine? Wieso? Wir sind doch zu zweit!“, rutscht es Tobias raus und Niklas denkt: *Wahnsinn, das ist bestimmt ein Basketballer oder ein Rugby-Spieler.*

„Ja, wir suchen Fußballschuhe“, antwortet Tobias sofort.

„Gute Fußballschuhe!“, setzt Niklas nach, damit der Verkäufer sie auch richtig versteht.

„Na, dann kommt mal mit. Dort hinten stehen die Modelle für Kinder und Jugendliche.“ Der Leuchtturm auf Beinen lotst sie in einen Bereich direkt neben zwei Laufbändern.

Von irgendwo hört man ein Mädchen brüllen: „Ich will aber die Roten, ich will aber die Roten!“ Ein Junge wirft die Schuhe, die er anprobieren soll, durch den Laden. Eine Verkäuferin eiert mit einem Stapel Schuhkartons durch die Gänge.

„Schaut euch schon mal um, ich bin gleich wieder da“, verspricht der Verkäufer.

Tobias und Niklas erkennen es mit drei Blicken: 49 Euro! 59 Euro! 69 Euro!

„Das sind keine Taschengeld-Preise“, stellt Niklas fest. Die beiden treten den Rückweg an, noch bevor der Leuchtturm zurück ist. Vorbei an den Gymnastikschuhen, den Handschuhen, den Mützen und Schals. Sie überwinden den Bereich mit dem teuren Parfümgestank wieder im Laufschritt und in der U-Bahn rechnet Niklas nach: „Mein Sparschwein spuckt 3 Euro 30 aus. Das nächste Taschengeld kommt erst in einer Woche dazu: 3 Euro. Plus die versprochenen 20 Euro – ergibt 26 Euro 30.“

Immer noch viel zu wenig für gute Schuhe!

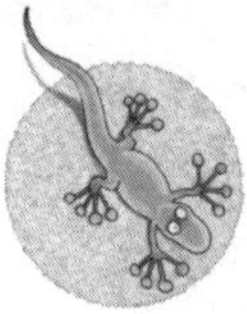

In dieser Nacht kann Niklas kein Auge zumachen. Na ja, natürlich kann er sie schon schließen. Ganz einfach geht das. Nur einschlafen kann er einfach nicht dabei. Ständig hüpft die Frage, wie er an das nötige Geld für seine neuen Fußballschuhe kommen soll, wie ein Tischtennisball wild in seinem Kopf rum.

Das Gefühl von Freddys Schuhen an seinen Füßen steckt ihm noch in jeder Zehe. Jedes Mal, wenn Niklas sich daran erinnert, wird das Gefühl schöner. Jedes Mal wird der Unterschied zwischen Freddys Schuhen und seinen alten größer.

In zwei Monaten hat er Geburtstag!, beginnt Niklas die Möglichkeiten zur Geldbeschaffung abzuklopfen. So lange kann er unmöglich warten.

Er könnte für Frau Fendrich in der Nachbarschaft einkaufen gehen. Das würde vielleicht immerhin 50 Cent für jeden Gang zum Gemüsehändler gegenüber bringen. Aber wie soll er Frau Fendrich dazu bewegen, ihn zehn Mal an einem Tag einkaufen zu schicken? Fünf Tage lang hintereinander? Aber immerhin, er könnte morgen schon mal mit dem ersten Einkauf anfangen.

Autowaschen für Papa. Da sind auch 50 Cent drin. Aber das gibt auch nur hin und wieder Sinn. Trotzdem! Er könnte sich Papas Auto morgen schon mal vornehmen.

Mist! Er hat das Geburtstagsgeschenk für Tante Edda ganz vergessen.

Jetzt Geld ausgeben, wo er doch Geld für seine Schuhe zusammenkratzen muss? Geht nicht! Sie wird statt der schönen Kerze, die Niklas zum Glück noch nicht gekauft hat, etwas Selbstgebasteltes bekommen. Das kostet nichts. Von seinen Geschenken Marke Eigenbau ist sie immer hellauf begeistert und eine Kerze passt sowieso besser als Weihnachtsgeschenk. Das wird er gleich morgen erledigen! Geld gespart!

Dosen und Flaschen sammeln und das Pfandgeld ins Sparschwein stecken. Damit kann er auch morgen beginnen.

Ping! Ping! Der Tischtennisball in seinem Kopf klingt plötzlich wie eine Kasse, die sich öffnet.

„Kleinvieh macht auch Mist“, sagt Opa immer. *Könnte was dran sein!*, denkt Niklas.

Da und dort 50 Cent verdienen, da kann am Ende wirklich was zusammenkommen.

Aber wann wird dieses Ende sein? Wenn er selbst schon Opa ist?

Aber vielleicht kann Opa sogar helfen?

Niklas hat einen Prospekt seiner Lieblingsschuhe aus dem Kaufhaus mitgenommen. Den wird er seinem Opa zeigen und alles erklären. Opa wird ihn bestimmt verstehen. Opa versteht ihn immer.

Niklas hat noch eine Idee. Aber die ist so heikel, dass er erst mal eine kleine Pause einlegen muss. Obwohl er ja ganz allein in seinem Bett liegt, um ihn herum alles dunkel ist und alles nur Gedanken sind. *Und dann … frage ich Opa*, tastet sich Niklas wieder an seine Idee heran, *ob ich … mein*

Geburtstagsgeschenk … ausnahmsweise schon etwas früher bekommen kann. Und ob es diesmal … ausnahmsweise … einfach nur Geld sein kann!

Schlafen ist aussichtslos. Es hat gar keinen Sinn. Niklas muss das Licht anmachen und alle Ideen auf ein Blatt schreiben. Vielleicht hört dann das wilde Tischtennisspiel in seinem Kopf auf.

„Wieso bist du denn nicht im Bett?“, fragt seine Mutter, als sie ihn mitten in der Nacht findet. Niklas liegt mit dem Oberkörper über dem Schreibtisch auf einem Blatt Papier. „Schuhgröße 37, grün“, sagt Niklas schlaftrunken.

Dann erschrickt er, als er plötzlich Mutters Gesicht vor seiner Nase entdeckt.

„Was machst du denn da?“, fragt sie noch mal.

„Nichts, gar nichts!“, versichert Niklas. Er versteckt den Zettel ganz schnell in einem Buch, verkriecht sich unter seine Decke und ist erleichtert, als seine Mutter das Licht löscht und leise das Zimmer verlässt.

Am nächsten Morgen springt ihm gleich auf dem Schulweg eine leere Bierflasche am Wegrand ins Auge. *Pfandwertflasche* steht darauf.

„Toll!“, freut sich Niklas. Es scheint ein Glückstag zu werden. Schnell steckt er die Flasche in seinen Sportbeutel.

Jetzt hat er den Pfandflaschen-Leergut-Blick. Überall checken seine Augen ab, wo sich Leergut befinden könnte. Dort unter den Büschen? Treffer! Zwei große und zwei kleine Flaschen. Am Wegrand unter der Bank? Treffer! Zwei Plastik-

flaschen. Neben Stromkästen und Mülltonnen, unter parkenden Autos, hinter Laternenpfählen. Überall schaut Niklas nach verwertbarem Leergut.

Und dann fällt ihm ein, wo noch mehr sein könnte: an den Müllcontainern der Wohnsiedlung, gleich hinter der Turnhalle! Dort liegen oft Dosen und Flaschen herum von den Männern, die den ganzen Tag Bier trinken.

Ohne an die Uhrzeit zu denken, steuert Niklas schnurstracks auf die Wohnsiedlung zu. Wie ein Roboter, dem man ein Ziel einprogrammiert hat: Pfandflaschen finden! Sein Weg führt ihn übers Schulgelände, vorbei am Schulgebäude, vorbei an den vielen Schülern, die gerade ihre Klassenräume aufsuchen, vorbei an der Turnhalle, bis er auf der anderen Seite die Schule wieder verlässt und die Mülltonnen erreicht hat. Und tatsächlich! Zwischen den Mülltonnen stehen vier leere Flaschen. Pfandwertflaschen!

Wie einen zerbrechlichen Schatz wickelt er die Flaschen zu den anderen, die er schon gefunden hat, vorsichtig in seine Sporthose und sein Sportshirt. Sein Sportbeutel ist jetzt zum Platzen voll, aber Niklas hofft, dass die Flaschen bis zum Eintauschen heil bleiben. Von außen sieht der Beutel jetzt aus, als hätte sich eine dicke fette Katze darin versteckt. Aber das stört ihn nicht. Niklas freut sich nur auf das Geld, das er als Pfand für die Flaschen bekommen wird. Immer wieder rechnet er in Gedanken aus, wie viel es sein wird. Bis er plötzlich auf dem Schulgelände steht.

Mutterseelenallein!

Alle anderen Schüler sind längst im Unterricht.

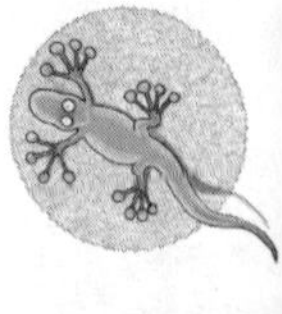

Niklas ist zu spät. Viel zu spät. Hastig rennt er über den Hof ins Treppenhaus. In den leeren Gängen herrscht eine gespenstische Ruhe. Nur die Flaschen im Rucksack klimpern laut, obwohl er sie doch in seine Sportkleidung gewickelt hat. Mist!, denkt er. Langsamer laufen, damit es nicht so klimpert? Geht nicht, sonst dauert es noch länger und dann kommt er noch später als zu spät. Niklas läuft weiter. Hoffentlich bleiben die Flaschen heil. Innerlich macht er sich schon auf eine Standpauke von Frau Klingbeil gefasst. Immer weiter Richtung Klassenzimmer. Dort angekommen atmet er noch mal tief durch, dann klopft er kurz an die Tür, spricht sich ein letztes Mal Mut zu und betritt das Klassenzimmer.

Im Klassenraum wird es plötzlich ganz still.

Eben noch hat Frau Klingbeil gesprochen. Doch sie hat mitten im Satz abgebrochen. Und schaut auf Niklas. Wie alle seine Mitschüler auch. Alle schauen ihn an.

„Ach sieh mal an!“, ruft Frau Klingbeil schließlich durch den Raum. „Na, was für eine Geschichte hast du denn zu bieten?“ Gleichzeitig öffnet sie das Klassenbuch, drückt ihren Kugelschreiber und trägt Niklas’ Verspätung ein.

Alle warten gespannt auf seine Antwort.

„Ich bin einfach nur zu spät los“, schwindelt Niklas. Er kann schlecht verraten, dass er gerade noch Leergut im Müll gesammelt hat.

„Und was ist das da in deinem Turnbeutel?“, fragt Frau Klingbeil und schaut dabei mit den Augen über ihre Lesebrille. „Du hast doch nicht etwa deine Katze oder deinen Hund mit in die Schule gebracht?“

„Hab ich beides nicht!“, antwortet Niklas und freut sich, dass er diesmal die Wahrheit sagen kann. Trotzdem schauen alle auf seinen Beutel.

„Iiigittigitt!“, kreischt Patricia plötzlich angewidert.

Niklas schaut verwundert zu ihr rüber. *Was hat die denn?*

„Doch!“, petzt Patricia. „Der hat eine Katze im Beutel. Und die pinkelt gerade auf den Boden!“

„Ihhh!“, kreischen nun auch einige andere. Manche lachen auch nur.

Niklas schaut von oben auf seinen Beutel herunter. Direkt darunter erkennt er eine kleine gelbe Pfütze. Der Gestank ist unverwechselbar. Mick erkennt den Geruch sofort.

„Das stinkt nach Bier!“, brüllt er von hinten.

Noch größeres Gejohle in der Klasse.

„Voll der Penner!“, ruft irgendjemand.

„Ruhe jetzt!“, fordert Frau Klingbeil, sieht Niklas noch strenger über ihre Brille an und geht zwei Schritte auf ihn zu. Sie zeigt auf die Pfütze auf dem Boden.

„Niklas, du kommst mal mit mir vor die Tür. Ihr anderen macht mit euren Rechenaufgaben weiter, bis wir zurück sind!“

Niklas folgt ihr nach draußen. Er kann sich nicht erinnern, jemals etwas Peinlicheres erlebt zu haben. Die Bierreste aus den Flaschen tropfen weiter aus dem Beutel heraus und hinterlassen eine deutliche Spur auf dem Linoleumboden. Und jetzt bemerkt Niklas auch, dass etliche Tropfen auf seine Hose gelangt sind und dort hässliche, stinkende Flecken hinterlassen haben. Es sieht fast aus, als hätte er in die Hose gemacht. Am liebsten würde Niklas schreiend nach Hause laufen und sich dort für immer in sein Zimmer einschließen.

„Setz dich erst mal hier auf die Bank“, fordert Frau Klingbeil ihn auf.

Niklas setzt sich.

„Wo kommst du gerade her? Mit wem hast du Bier getrunken?“

Im ersten Moment versteht Niklas die Fragen nicht. Wieso getrunken?, wundert er sich, bis ihm allmählich dämmert, was seine Lehrerin meint.

Es verschlägt ihm die Sprache vor Entrüstung. Frau Klingbeil glaubt tatsächlich, er hätte …! „Ich verspreche dir, ich werde niemandem etwas sagen“, fährt Frau Klingbeil fort. „Aber erklären musst du es mir.“

„Aber …!“ Niklas ringt nach Worten.

„Ja?“, setzt Frau Klingbeil nach.

„Ich habe das doch nicht getrunken!“, platzt es endlich aus Niklas heraus. Er springt auf, bevor er weiterspricht. „Ich trinke doch kein Bier! Das ist doch viel zu bitter!“

Frau Klingbeil verzieht die Augenbrauen zu einem kritischen Blick. „Zu bitter?“

Niklas nickt heftig.

„Woher weißt du denn, wie Bier schmeckt, wenn du es nicht trinkst?“

„Aber …“ Niklas fällt im ersten Moment keine Antwort ein. Er weiß nicht, woher er weiß, wie Bier schmeckt. Das weiß doch jeder!

„Ich …“, stottert er. „Ich hab vielleicht mal dran genippt!“

„Genippt?", setzt Frau Klingbeil nach. „Und wann? Mit wem? Wie viel?"

„Ich weiß nicht!" Niklas schreit seine Lehrerin nun fast schon an vor Verzweiflung.

„Ich trinke kein Bier! Das sind Pfandflaschen! Die will ich eintauschen. Ich brauche Geld! Für meine neuen Fußballschuhe!"

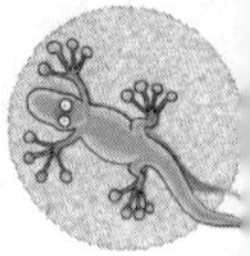

Frau Klingbeil sieht Niklas mitleidig an. „Geld? Für Schuhe? Du musst deine Schuhe selbst bezahlen?"

Niklas stöhnt laut auf. Irgendwie entwickelt sich das Gespräch schlimmer als die Diskussion über Fußballschuhe mit seiner Mutter.

„Nein!", versucht er es trotzdem. „Ich muss meine Schuhe nicht selbst kaufen, sondern nur einen Teil beitragen. Für ganz besondere Fußballschuhe."

Und dann erzählt er seiner Lehrerin haarklein, was er mit seiner Mutter ausgemacht hat, wie viel die Schuhe kosten und welche Idee er mit den Pfandflaschen gehabt hat. Fast zehn Minuten lang redet Niklas auf seine Lehrerin ein, bis die allmählich begreift, worum es geht.

Fast wirkt sie ein wenig enttäuscht, als sie sagt: „Gut, ich will dir mal glauben. Und ich hoffe, dass du deswegen nicht noch mal zu spät kommst. Heute darfst du ausnahmsweise in deinen Sachen turnen."

Oje, das hat Niklas noch gar nicht bedacht! Seine Sportsachen stinken jetzt ja auch nach Bier.

Fünf Stunden im Biergestank und der Klassenkasper des Tages! Niklas ist froh, als der blöde Schultag endlich vorüber ist. Allein schon, wie ihn der doofe Mick immer wieder blöd geärgert hat!

„Du stinkst wie ein Penner!“, hat Mick immer wieder behauptet und sich dabei demonstrativ die Nase zugehalten. „Du hast wohl auch kein richtiges Zuhause, was?! Und schläfst unter der Brücke mit den anderen stinkenden Pennern!“

„Der einzige Stinker in dieser Stadt bist du!“, hat Niklas ihm mutig entgegnet. Denn Mick ist ein ganzes Stück größer als Niklas. Mick hatte ihn auch gleich am Kragen gehabt. Aber zum Glück war der Sportlehrer rechtzeitig zur Stelle und hat die beiden getrennt.

Noch in der Ladentür des türkischen Gemüsehändlers zählt Niklas stolz sein Geld, das er für die Flaschen bekommen hat. 9 mal 15 Cent und 2 mal 25 Cent für die großen Flaschen: Ein Euro 85! Ein tolles Ergebnis für den Anfang!

Eigentlich toll genug für eine kleine Belohnung. Kurz entschlossen kehrt er um, geht zurück in den Laden und kauft sich für 50 Cent eine Sammelbild-Tüte.

Dann läuft er schnell nach Hause. Bevor er in Versuchung kommt, sich noch eine Tüte zu kaufen. Deshalb öffnet er sie auch noch nicht. Erst zu Hause.

Aber den ganzen Weg über drückt er sich selbst fest die Daumen, damit in der Tüte keine Bildchen sind, die er schon hat. Hoffentlich sind nur neue Bildchen drin. Hoffentlich!

Er wünscht es sich so sehr, dass er schon gar nicht mehr daran glaubt, dass überhaupt doppelte drin sein könnten.

Niklas freut sich schon riesig darauf, die neuen Bildchen

einzukleben und weiter in seinem Europameisterschafts-Fußballheft zu lesen. Natürlich hat er schon zehn Mal darin gelesen. Oder zwanzig Mal. Oder dreißig Mal. Er weiß es nicht. Es ist auch egal. Es macht immer wieder Spaß!

Alle echten Fußballfans wissen jetzt schon alles über die bevorstehende Fußball-Europameisterschaft. Alle Geschichten. Alle Daten. Alle Termine. Nur noch nicht alle Ergebnisse.

Da fällt ihm plötzlich ein, dass er nach Bier stinkt. Was wird seine Mutter dazu sagen? Nur noch wenige Schritte bis nach Hause. Wenn er Glück hat, ist er vor ihr da und kann vielleicht seine stinkende Wäsche schon mal in Seifenwasser legen oder so. Niklas läuft den Rest des Weges, so schnell er kann.

Kurz darauf betritt er noch ganz außer Atem die Wohnung. Er klingelt nicht, sondern schließt leise mit dem eigenen Schlüssel auf – und horcht. Nichts zu hören.

„Mama?“, ruft er vorsichtig.

Nichts. Geschafft! Sie ist noch nicht da.

Niklas feuert seine Schultasche in die Ecke und rennt ins Badezimmer. Die Waschmaschine ist schon gefüllt, aber seine Sachen passen noch rein. Er zieht sich aus und stopft Shirt, Hose und die Sportsachen zwischen die andere Wäsche, schließt die Tür, damit der Biergeruch drinbleibt, düst in sein Zimmer, zupft irgendeine Hose und irgendein Shirt aus dem Schrank, zieht sich an – und in dem Moment kommt seine Mutter ganz entspannt vom Yoga-Kurs nach Hause.

Geschafft!, denkt Niklas.

„Na, wie siehst du denn heute aus?"

Was ist denn nun schon wieder, wundert sich Niklas.

„Ganz in Rot! Ich wusste doch schon immer, dass dir das steht."

Niklas hat in der Eile versehentlich die Farbe gegriffen, die er sonst nur im Notfall trägt. Aber oben und unten rot? Na ja, besser, als den Biergestank zu erklären. Seine Mutter stellt die Waschmaschine an.

Aber am Nachmittag erzählt er seinem Opa die ganze Geschichte. Natürlich erst, nachdem sein Opa ihm das große Piratenehrenwort gegeben hat, kein Wort davon weiterzuerzählen. Schon gar nicht die Verspätung. Er weiß, wie wichtig es für Mama und Papa ist, dass er immer pünktlich im Unterricht ist. Schule ist zu Hause irgendwie immer ein sehr ernstes Thema.

Auf Opa aber ist wie immer Verlass.

Auch beim Thema Geburtstagsgeschenk.

„Diesmal kann es einfach nur Geld sein", versucht Niklas ihm noch einmal einzuschärfen.

Opa nickt.

Niklas freut sich. Opa hat er schon mal voll und ganz auf seiner Seite.

„Aber damit eines klar ist“, ergänzt Opa plötzlich. „Dein Geburtstagsgeschenk gibt es erst zum Geburtstag.“

Niklas ist enttäuscht. Er kennt seinen Opa eben doch nicht so gut, wie er gehofft hat. Sein Geburtstag ist zu spät. Er braucht das Geld vorher.

Großvater erhebt sich aus seinem Lieblingssessel und schmunzelt Niklas auf seltsame Weise an. Es ist dieses Schmunzeln, dem immer etwas Spannendes folgt. Erwartungsvoll schaut Niklas ihn an.

„Ich hätte da ja noch eine andere Idee für dich“, sagt Opa.

Ich wusste es doch! Großvater ist ein Ideenfinder, freut sich Niklas und kann kaum abwarten, zu erfahren, was er meint.

„Morgen weiß ich mehr!“

Morgen! Wieso denn erst morgen?

Niklas weiß, dass Betteln keinen Sinn hat. Er muss bis zum nächsten Tag warten.

Die Sammelbilder! Das ist Niklas noch nie passiert. Vergessen! Er hat seine Belohnungstüte noch gar nicht geöffnet. Das holt er sofort nach. Diesmal sind zwei Spieler seines Lieblingsvereins dabei und drei Spieler aus drei anderen Vereinen. Glück gehabt! Nur neue Bildchen. Niklas klebt die Bilder zufrieden in sein Sammelbuch und stellt es sofort wieder zurück ins Regal. Denn wenn er das nicht gleich tut, fängt er an darin zu lesen. Und dann ist die Gefahr groß, dass er darüber wieder vergisst, wie spät es schon ist.

Raufuß darf in dieser Nacht direkt neben dem Wecker schlafen. Der klingelt morgen sogar etwas früher. So bleibt mehr Zeit zum Pfandflaschensammeln. Und vielleicht macht er wieder gute Beute?

Niklas kuschelt sich gemütlich in sein warmes Bett, zieht die weiche Decke fast ganz über den Kopf und genießt den angenehmen Geruch der frischen Bettwäsche.

„Schon so spät?“, wundert sich seine Mutter, als Niklas sich am nächsten Morgen verabschiedet. Zum Glück schaut sie dabei nicht auf die Uhr.

Diesmal geht er besser ausgerüstet auf Pfandflaschen-Pirsch. Mit einer großen wasserdichten Plastiktüte läuft er zum Platz mit den Containern. Doch heute scheint er Pech zu haben. Keine einzige Dose, keine einzige Flasche, nirgendwo Leergut!

Seltsam, überlegt Niklas. Da muss schon jemand vor ihm hier gewesen sein. Enttäuscht dreht er um. Ob es jemand aus seiner Klasse war? Vielleicht hat einer von denen gestern mitbekommen, weshalb er so nach Bier gestunken hat, und hat ihm die Idee geklaut. Niklas nimmt sich vor, sehr genau darauf zu achten, ob jemand aus seiner Klasse heute Flaschen oder Dosen in seiner Schultasche hat.

Da sieht er einige Meter entfernt, weiter in Richtung Siedlung, einen Mann, der sein Fahrrad neben sich herschiebt. Auf beiden Seiten des Lenkers hängen mindestens jeweils drei oder vier prallvolle Plastiktüten. Eine davon klimpert! Eindeutig: Da ist Leergut drin. Niklas' Leergut!

Der alte Mann sieht Niklas mit der Tüte, stellt sein Rad an der Hauswand ab und kommt hinkend auf ihn zu.

„Hast du mir die Flaschen gestern weggeklaut?“, fragt er mit rauer Stimme. Der Mann riecht wie Niklas’ Kleidung gestern. „Ich war zuerst hier! Das ist mein Revier! Ich brauch das Geld für meinen Schlafplatz!“

Zwischen seinem dunklen Bart sind, wenn er spricht, zwei einzelne, dunkle, schiefe Zähne zu erkennen; einer oben, einer unten.

„Gib mir mein Geld zurück!“, fordert er.

Niklas weiß nicht, was er antworten soll. Er hat die Flaschen gefunden, nicht gestohlen! Das Geld für das Pfand steht ihm zu!

„Ich brauch das Geld für meine Fußballschuhe!“, platzt es ihm raus.

Der Mann antwortet nicht, sondern wiederholt jetzt noch lauter: „Gib mir mein Geld zurück! Du hast mein Geld geklaut!“

Jetzt wird es Niklas unheimlich.

„Ich hab dir nichts geklaut!“, stellt er klar. Und läuft schnell weg. Damit der brummige Mann aber nicht auf die Idee kommt, ihm zu folgen, dreht Niklas sich schnell noch mal um und verspricht: „Ich komm auch nicht wieder hierher!“

Und dann rennt er, so schnell er kann. Erst auf dem Schulhof wagt Niklas es, sich wieder umzudrehen und nach dem Mann Ausschau zu halten. Aber er ist nicht mehr zu sehen.

Gut, dass er weg ist!

Und so schafft er es sogar, noch eine Sekunde vor Frau Klingbeil im Klassenraum zu sein. Als sie die korrigierten Aufsätze austeilt, ist Niklas mit seinen Gedanken noch immer bei dem Mann. Niklas ist froh, dass er gleich weggelaufen ist. Der Mann war wirklich sehr wütend, weil ihm wohl das Geld für einen Schlafplatz fehlte.

Die Schuhe von dem Mann waren auf einer Seite so stark abgelaufen, dass er schon ganz schief darin stand, erinnert sich Niklas. Die Schuhsohle löste sich an der Spitze wie ein geöffnetes Maul in zwei Sohlen auf. Aber der Mann sammelt trotzdem kein Geld für neue Schuhe wie Niklas, sondern damit er nächste Nacht in einem Bett schlafen kann.

Wie das wohl ist, wenn man kein eigenes Bett hat?, fragt sich Niklas gerade, als Frau Klingbeil bei ihm angekommen ist und ihn streng mustert: „Hast du nicht ausgeschlafen?"

„Doch!", antwortet Niklas ein wenig empört.

Frau Klingbeil verzieht kurz ihr Gesicht, sagt aber nichts mehr, sondern teilt weiter die übrigen Aufsätze aus.

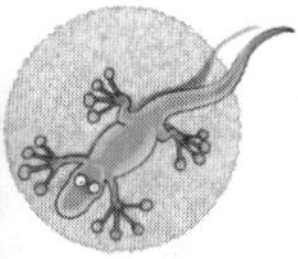

Unter dem Aufsatz von Niklas steht eine große rote Fünf, daneben zwei Ausrufezeichen. Darunter handschriftlich *mangelhaft*. Mit drei Ausrufezeichen. Und darunter in einer Handschrift, die Niklas kaum lesen kann:

„Niklas' schulische Leistungen nehmen seit einigen Wochen leider stark ab. Zu viel Fußball?" Dahinter fünf Fragezeichen. Und weiter:

„Wenn Niklas so weitermacht, ist seine Versetzung gefährdet."

Die Ausrufezeichen zählt Niklas diesmal nicht. Es sind zu viele.

„Niklas kann mehr! Bitte bestätigen Sie die Kenntnisnahme meiner Notiz mit Ihrer Unterschrift."

Und am Schluss ein hässliches Kritzelkratzel, das aussieht, als hätte eine Taube aufs Blatt gemacht. Vermutlich Frau Klingbeils Unterschrift.

Niklas steckt den Aufsatz schnell in seine Schultasche.

„Ich hab 'ne Zwei!", freut sich Max neben ihm. „Was hast du?"

„Keine Zwei!", sagt Niklas nur. Und denkt schon an zu Hause. Eine Fünf in Deutsch, wie soll er das erklären? Seine Mutter wird nervös hin und her laufen und wie Frau Klingbeil dem Fußball die Schuld geben. Sein Papa wird sich zu ihm setzen und alles genau wissen wollen.

Ein einziges Mal hat Niklas in der letzten Woche seine Hausaufgaben vergessen. Das allererste Mal. Er war ganz in sein neues Fußballheft versunken und hatte dabei die blöden Schreibaufgaben total verschwitzt. Das kann doch mal passieren, findet er. Muss die Klingbeil da gleich so einen Aufstand draus machen? Außerdem, was weiß sie denn schon von seinem Fußball?

Niklas ist richtig wütend! Muss sie die Fünf so groß schreiben und da gleich noch einen halben Roman in roter Schrift an seinen Aufsatz dranhängen?

Den Rest des Vormittags kann sich Niklas auf nichts mehr konzentrieren. Immer wieder geht ihm die Frage durch den Kopf, wie er die blöde Fünf seinen Eltern beibringen soll. Auch noch auf dem Weg nach Hause.

Bestimmt kommt seine Mutter auch wieder damit, dass er zu wenig liest. Sie glaubt, wenn er mehr Bücher lesen würde, wäre er besser in Deutsch. Aber Niklas mag nun mal am Nachmittag lieber draußen Fußball spielen und abends lieber seine Fußballalben durchblättern. Und Comics lesen. Für beides hat seine Mutter überhaupt kein Verständnis.

Und Flaschen hat er heute auch keine gesammelt, weil der blöde Mann ihn fortgejagt hat.

Irgendwie hat sein Glücksbringer Raufuß den heutigen Tag verschlafen, denkt Niklas, als er leise die Haustür öffnet. Hoffentlich ist seine Mutter nicht da.

Aber da hört er sie schon. Bei ihrer Lieblingsbeschäftigung: Sie telefoniert. „Meine gebrauchten Schuhe für neue Fußballschuhe?“, fragt sie.

Niklas horcht auf. Fußballschuhe? Was telefoniert seine Mutter über Fußballschuhe? Und mit wem?

„Du machst mit ihm Flohmarkt am Samstag?“, hört er sie weiter. Sie geht im Wohnzimmer auf und ab. „Ja, okay, warum sollen die Sachen im Schrank rumliegen? Aber meine Schuhe? Werden Schuhe überhaupt gekauft?“

Flohmarkt? Fußballschuhe? Alte Schuhe?, rätselt Niklas und hört jetzt noch genauer hin. Er hat einen fürchterlichen Verdacht.

„Nun, wenn du versprichst, dass ich mich sonst nicht drum kümmern muss“, telefoniert seine Mutter weiter. „Ich schaue mal, vielleicht finde ich ja ein paar. Ich sage Niklas Bescheid, er kommt gleich aus der Schule zurück, tschüüüüs!“

Seine Mutter entdeckt Niklas jetzt im Türrahmen. Seine Schultasche steht draußen im Korridor. Die rote Fünf mit dem Roman von Frau Klingbeil steckt noch drin.

„Da bist du ja schon. Was habt ihr nur für verrückte Ideen?“, kommt sie kopfschüttelnd auf Niklas zu und – *schmatz* – schon hat sie ihm einen Begrüßungskuss auf die Backe gedrückt.

Niklas wischt die feuchte Stelle mit seinem Ärmel ab.

„War es gut in der Schule?“, fragt sie beiläufig und setzt direkt fort: „Komm gleich mal mit und hilf mir beim Sortieren. Das ist wieder eine typische Opa-Idee. Er tut gerade so, als ob ich tausend davon hätte. Wir werden jetzt systematisch vorgehen. Aber ich gebe nur die Schuhe, die wirklich zu klein, zu alt, zu altmodisch oder zu groß sind.“

Eigentlich wollte Niklas möglichst schnell von seinem blöden Aufsatz erzählen. Er kommt ja ohnehin nicht drum herum. Und er muss den blöden Roman von Frau Klingbeil unterschreiben lassen. Die Geschichte liegt ihm im Magen wie zu viel Geburtstagskuchen. Ihm ist richtig ein bisschen schlecht.

„Hol doch schon mal eine alte Umzugskiste aus dem Keller hoch, ja?“, bittet ihn seine Mutter.

Niklas weiß nicht, wie er den Tatendrang seiner Mutter stoppen soll. Ich kann ja erst einmal die Kiste holen und dann von der Schule erzählen, denkt er und stiefelt in den Keller.

Gleich vorne findet er auch eine geeignete Kiste. Hier im Keller würde er sich jetzt am liebsten verkriechen, bis die ganze Geschichte vorbei ist.

Aber er verkriecht sich nicht, sondern stiefelt tapfer die Treppe wieder hinauf in die Wohnung.

Seine Mutter hat schon etliche Schuhe aus dem Schrank herausgeräumt und um sich herum verteilt.

„Okay, die blauen hier sind wirklich zu klein“, stellt sie fest, legt sie in die Kiste und hat schon ein paar rosafarbene in der Hand. „Die sind noch von Eddas Hochzeit, was war das für eine seltsame Mode?“

Auch die landen in der Kiste.

Zwei Paar, zählt Niklas im Kopf mit.

„Und diese Stiefel mit Steppnaht haben mir von Anfang an nicht wirklich gefallen“, berichtet seine Mutter.

Niklas fragt sich, weshalb seine Mutter sie dann gekauft hat. Aber er sagt nichts und denkt nur: *Drei Paar.*

„Warum habe ich die eigentlich gekauft?“, fragt Niklas’ Mutter sich und legt die ausrangierten Schuhe weiter

direkt in die Kiste. Schnell ist Niklas bei 14 Paar! 14! Niklas kann es nicht glauben. 14 Paar Schuhe! Ausrangiert! Nach nur einer halben Stunde! In Fußballschuhen gerechnet, würde das für eine ganze Mannschaft plus Ersatzspieler reichen.

„Na gut!“, sagt seine Mutter. „Ich gebe Opa Recht. Vielleicht könnt ihr sie wirklich auf dem Flohmarkt verkaufen. Das ist immer noch besser, als wenn sie hier nur Platz im Schrank wegnehmen.“

Niklas hatte also den richtigen Verdacht. Opa will mit ihm Mamas Schuhe auf dem Flohmarkt verkaufen. Frauenschuhe! Er soll Frauenschuhe verkaufen! Wie das wohl aussieht? Was, wenn ihn welche aus seiner Klasse sehen? Was sollen sie sagen, wenn eine Frau irgendwas fragt? *Tragen sich die rosa Pumps bequem? Nein, nehmen Sie lieber die weißen Stiefeletten mit dem Glitzer dran?* Total peinlich!

Niklas weiß, dass sein Opa es gut gemeint hat. Aber diesmal war es keine gute Idee, findet er.

Bisher hat es immer riesig Spaß gemacht, mit ihm alte Sachen auf dem Flohmarkt in Geld zu verwandeln. Aber er und sein Opa als Frauenschuhverkäufer? Niklas kann sich das überhaupt nicht vorstellen.

Niklas schleppt die prallvolle Kiste in sein Zimmer. Und kommt dabei an seiner Schultasche vorbei, die noch immer im Flur steht.

Soll er es jetzt sagen? Oder lieber warten, bis Papa da ist?

Es hat keinen Sinn, merkt er. Das bis zum Abend geheim zu halten, schafft er sowieso nicht.

Mit hängendem Kopf geht er zurück in den Flur, holt den Schulaufsatz mit der blöden Note und dem noch blöderen Roman von Frau Klingbeil hervor und schleicht ins Wohnzimmer. Er legt den Aufsatz auf den Tisch, geht zurück in den Flur und ruft in die Küche: „Da ist übrigens noch was aus der Schule, das du lesen musst!"

„Wie bitte?", ruft seine Mutter aus der Küche.

„Aus der Schule!", wiederholt Niklas. „Auf dem Tisch. Im Wohnzimmer!"

Und schwups verschwindet Niklas in sein Zimmer, schließt die Tür hinter sich und sieht sich noch mal die Kiste mit den Frauenschuhen für den Flohmarkt an.

Vielleicht, fällt ihm ein, hat er selbst ja auch noch Sachen für den Flohmarkt?

Die könnte er dann supergut oben auf die Kiste legen, so dass man die Frauenschuhe nicht sofort sieht. Und er hätte jetzt etwas zu tun. Auf irgendetwas anderes kann er sich jetzt ohnehin nicht konzentrieren. Denn jeden Moment wird seine Mutter ins Zimmer kommen.

Niklas öffnet die Türen seines Spielzeugschranks und kramt unbesehen alles Mögliche heraus. Erst mal viel Chaos schaffen, denkt er. Das sieht dann sehr beschäftigt aus. Und außerdem, wie er seine Mutter kennt, muss er das dann sofort wieder aufräumen. Wer aufräumt, kann aber nicht gleichzeitig über schlechte Schulnoten reden. Das wird selbst seine Mutter einsehen.

Also legt Niklas sofort los.

Die Kiste mit den Autos: erst mal auskippen. Das Gleiche

mit der Schachtel mit den Piraten, den Indianern und den Weltraumfiguren. Figuren machen immer schön schnell viel Chaos.

Den Fußball lässt Niklas lieber im Schrank. Sonst kommt seine Mama durch den Roman von Frau Klingbeil noch auf dumme Gedanken.

Aber hier: das alte Faschingskostüm. Als Peter Pan war er vor zwei Jahren gegangen. Das passt ohnehin nicht mehr, eignet sich aber prima, um damit die Schuhe abzudecken.

In dem Moment steckt seine Mutter den Kopf ins Zimmer.

„Wir warten ab, bis Papa zu Hause ist, und dann machen wir eine Familienkonferenz, okay?“, schlägt sie unerwartet ruhig vor. Dann erst sieht sie das Chaos in Niklas’ Zimmer. „Was machst du denn da?“

„Ich suche Sachen für den Flohmarkt!“

Seine Mutter schüttelt verständnislos den Kopf. „Aber bis heute Abend räumst du das alles wieder auf, ja?“

Sie zieht den Kopf ein, schließt die Tür.

Niklas sitzt allein in seinem Zimmer.

Eine Aussprache zu seiner Note wäre ihm nun doch lieber gewesen als eine Familienkonferenz.

Familienkonferenz! Nach seiner Meinung ist noch nie wirklich gefragt worden in so einer Familienkonferenz. Wie auch? Jeder darf zwar was sagen, aber am Ende wird abgestimmt. Zwei Eltern und ein Niklas. Was für ein Wunder, dass die meisten Abstimmungen da 2 : 1 gegen ihn ausgehen. Eigentlich geht es in so einer Familienkonferenz nur darum, ihm bestimmte Pläne der Eltern schmackhaft zu machen. Besser wäre deshalb das Wort Alle-gegen-Niklas-Konferenz!

So wie neulich bei der Familienkonferenz zur Urlaubsplanung. Nachdem Niklas ausführlich dargelegt hatte, weshalb er lieber in die Berge fahren möchte, wurde am Schluss Dänemark gebucht. Ist ja auch berühmt für seine Berge!

Aber eine Familienkonferenz, in der es um die Schule geht, hat es noch nie gegeben. Wenn wenigstens Großvater dabei wäre, denkt Niklas. Sein Opa steht wenigstens manchmal auf seiner Seite, wenn Mama und Papa ganz anderer Meinung als Niklas sind.

Und Raufuß! Der gehört auch zur Familie! Niklas sucht ihn gleich aus seiner Schultasche heraus und steckt ihn in seine vordere Hosentasche. Ein bisschen eng dort für Raufuß, aber immerhin der Kopf hat Platz. Niklas lässt Raufuß' Kopf nach draußen hängen, unter seinem Shirt aber bleibt er unentdeckt.

Bei unangenehmen Dingen, die auf einen warten, vergeht die Zeit immer rasend schnell, findet Niklas. Auf sein erstes

Spiel hatte er soooo lange warten müssen. Die Sekunden zogen sich hin wie Stunden. Aber die Familienkonferenz beginnt, kaum dass Niklas eine Kiste Flohmarktsachen zusammengesucht und den Rest zurück in die Schränke geräumt hat.

Papa liest den Roman von Frau Klingbeil, während Niklas dabeisitzt. Natürlich hat Papa den Roman vorher schon zweimal gelesen. Aber nun liest er ihn noch mal.

Niklas wartet.

Vermutlich liest er gar nicht mehr, denkt Niklas, sondern überlegt, was er sagen soll.

Und dann endlich sagt Papa etwas.

Wie wichtig es ist, pünktlich zu sein.

Das weiß Niklas aber längst. Er war noch nie zu spät beim Training.

Dann sagt Papa was über Zuverlässigkeit.

Das sagt Niklas' Trainer auch immer. Deshalb gibt sich Niklas beim Training auch immer große Mühe und hält sich im Spiel exakt an das, was der Trainer ihm vorher mit auf den Weg gegeben hat.

Pünktlichkeit, Zuverlässigkeit, Fleiß und Disziplin sind ausgesprochen wichtig für einen guten Fußballer. Das betont sein Trainer immer wieder.

Über Fleiß und Disziplin sagt sein Papa aber nichts. Vermutlich, weil darüber nichts in dem Roman von Frau Klingbeil steht.

Stattdessen spricht Niklas' Mutter über die Note im Aufsatz.

Beim Fußball gibt es nie Noten, denkt Niklas. Wäre ja auch Blödsinn. Man weiß ja auch so, ob ein Pass angekommen ist oder nicht, ob ein Torschuss reinging oder meilenweit daneben. Da braucht wirklich niemand mehr noch eine Note zu verteilen.

Für einen Moment stellt Niklas sich vor, wie sein Trainer mit einem Zeugnisblock am Spielfeldrand steht und für jeden Schuss ein Zeugnis verteilt. Immer mit einem klingbeillangen Roman unten dran.

Niklas muss schmunzeln, als er daran denkt.

Seine Mutter findet das nicht witzig: „Da gibt es nichts zu lachen!“, schimpft sie.

Niklas wird wieder ernst.

Sie sprechen ja über die Schule. In der Schule gibt es keine Torschüsse und keine genialen Pässe. Da gibt es nur doofe Noten und Klingbeil-Romane.

Gerade will Niklas sich wieder konzentrieren und zuhören, was ihm seine Mutter über die Schulnote zu sagen hat, da rutscht Raufuß aus der Hosentasche und fällt neben Mamas Füße.

Mama zuckt erschrocken zusammen.

„Das ist nur mein Gummigecko“, beruhigt sie Niklas, verrät aber nicht, dass er Raufuß heißt und ein Glücksbringer ist.

Niklas’ Vater nutzt die kleine Unterbrechung und schließt in gewohnter Weise mit den Worten: „Gut, dann sind wir uns ja einig.“

Niklas steckt Raufuß in die Hosentasche zurück und ist irgendwie froh, dass die Konferenz beendet ist. Raufuß ist eben doch ein echter Glücksbringer. Leider hat Niklas aber gar nicht mitbekommen, worauf sie sich nun geeinigt haben. Soll er irgendetwas tun?

„An den kommenden Wochenenden steht nicht nur Fußball und Flohmarkt auf dem Plan", fasst sein Vater noch mal zusammen.

Gott sei Dank, denkt Niklas. Jetzt aufpassen, dann bekommt er doch noch alles mit.

„Für die nächsten Wochen gilt: Erst wird ein Diktat geschrieben, dann werden ein paar Rechenaufgaben gemacht und erst dann geht es auf den Fußballplatz oder zum Flohmarkt."

Wie soll das gehen?, fragt sich Niklas.

Zum Flohmarkt müssen Großvater und er schon um halb sieben aufbrechen. Wie soll er da vorher ein Diktat schreiben? Wer soll ihm das diktieren? Und wer kann um diese Uhrzeit schon rechnen? Niklas schweigt lieber, während sein Vater unter Klingbeils Kommentar *Danke für Ihren Hinweis und freundliche Grüße* schreibt. Darunter setzt er ein rätselhaftes Gekrakel, das seine Unterschrift ist.

„Das Diktat verschieben wir auf heute Abend. Jetzt machen wir erst mal Geschäfte“, zwinkert Großvater Niklas zu. „Beides gleichzeitig geht nicht. Aber eines nach dem anderen schon. Ist mein Geschäftspartner einverstanden?“

„Klar, wenn du diktierst?“, antwortet Niklas.

„3 Euro, 50 Cent!“, stöhnt Niklas nach drei Stunden und macht ein enttäuschtes Gesicht. „Wenn das so weitergeht, kann Mama ihre vierzehn Paar Schuhe wieder zurückbekommen, aber ich kann mir immer noch keine Fußballschuhe kaufen.“

Sein Opa versucht ihm Mut zu machen.

„Es ist gerade erst elf Uhr. Viele Leute schlafen am Sonntag lange, frühstücken ausgiebig und kommen erst dann langsam aus ihren Häusern. Warte einfach noch ein bisschen ab.“

Opa hat immer so viel Geduld und Ruhe, findet Niklas.

„Weißt du eigentlich, woher der Name Flohmarkt kommt?“, fragt Großvater Niklas. Niklas überlegt eine Weile und fragt dann zögernd: „Von Flöhen?“

„Ja, stimmt. Sehr gut! Seinen Namen verdankt der Flohmarkt ursprünglich wirklich der Tatsache, dass im späten Mittelalter die Fürsten dem Volk Kleider überlassen haben. Diese geschenkten Kleider wurden dann verkauft, getragen und wieder verkauft. Es entstand ein richtiger Handel. So kam es, dass eine Hose von mehreren gekauft und getragen wurde. Manchmal saß ein Floh drin, der dann auch von einem Besitzer zum anderen wechselte."

Niklas stellt sich sofort die vielen Flöhe vor, die auf diesem Markt irgendwo versteckt sein konnten. Hunderte, Tausende, Millionen, Trilliarden von Flöhen auf dem Flohmarkt, die nur darauf warten, sich auf der Haut eines Menschen zwischen den Haaren einen neuen Wohnplatz einzurichten, ein kleines Nest zu bauen und dort Familien zu gründen. Allein der Gedanke an die winzigen Biester macht ihn schon ganz kribbelig. Er kratzt sich am Kopf und hat das Gefühl, dass dort schon einer sitzt und ihn gerade beißt.

„Aber keine Angst, das ist wirklich schon sehr lange her", beruhigt ihn Großvater. Niklas kratzt sich auch am Oberarm.

„Hey! Niklas! Seit wann bist du denn Damenschuhverkäufer?"

Freddy steht plötzlich vor dem Stand. Seine Haarlocken würden einen hervorragenden Nistplatz für Millionen Flöhe abgeben. Doch Freddy muss sich nicht kratzen. Stattdessen betrachtet er sich die Schuhe ganz genau. Als ob er neue Pumps suchen würde.

Genau so was hatte Niklas befürchtet. Die ganze Zeit schaut sich niemand die Schuhe an und jetzt tut es ausgerechnet Freddy! Der wird darüber bei den anderen in der Mannschaft bestimmt Witze machen.

Aber bei Witzen ist immer entscheidend, wer ihn zuerst macht, denkt Niklas und reagiert blitzschnell.

Bevor Freddy einen dummen Spruch machen kann, fragt Niklas ihn: „Suchst du vielleicht ein Paar von meinen gebrauchten Damenschuhen? Ich kann sie dir ziemlich günstig geben."

„Lass gut sein." Freddy winkt ab. „Bis morgen! Wir sehen uns dann im Training", antwortet er kurz und zieht weiter.

Während Niklas ihm hinterhersieht, hört er eine andere Stimme.

Sie sagt: „Genau, was ich gesucht habe. Wunderbar!"

Niklas dreht sich um und entdeckt eine bunt gekleidete Frau mit langen roten Haaren und tausend Sommersprossen im Gesicht, die direkt auf die Schuhkiste zusteuert.

Niklas strahlt.

„Suchen Sie sich das schönste Paar heraus. Alle ganz preisgünstig!"

Die bunte Frau schaut ihn verwundert an.

„Ich sehe kein Paar! Hier liegt doch nur einer!", stellt sie klar. „Ich meine das süße Ungeheuer hier. So eines hat sich meine Tochter schon lange gewünscht. Das nehme ich auf jeden Fall mit! Was soll der kosten?"

Acht Milliarden Euro!, denkt Niklas, aber selbst dafür würde er seinen Glücksbringer vermutlich nicht verkaufen.

Raufuß liegt zwischen den Schuhen, weil er als Glücksbringer den Verkauf etwas ankurbeln sollte.

Jetzt hält die bunte Frau ihn fest in ihren Händen und ist schon kurz davor, ihn in ihre Handtasche zu stopfen.

„Moment mal!", sagt Niklas schnell. „Der Gecko ist nicht zu verkaufen!"

„Gecko?", fragt die Frau irritiert. „Ich dachte, das wäre ein Drache. Meine Tochter mag Drachen!"

Ein Drache! Raufuß! Niklas kann es nicht fassen. Schnell nimmt er Raufuß der Frau aus der Hand, steckt ihn sich in die Hosentasche und hofft, dass die schreckliche Frau so schnell wie möglich wieder verschwindet.

Aber da hat Niklas für einen Moment vergessen, dass Raufuß nicht nur ein Gecko ist, sondern eben auch und besonders ein echter Glücksbringer.

„Aber die Schuhe sind doch zum Verkauf, oder?“, fragt die Frau und hat Raufuß offenbar auch schon wieder vergessen. „Die möchte ich gern alle ausprobieren.“

„Alle?“, fragt Niklas.

„Ja, bitte, alle, habt ihr vielleicht noch welche in den Kisten dort hinten?“

Niklas steht von seinem Campinghocker auf und reicht ihn der Frau.

„Bitte schön, setzen Sie sich. Im Sitzen probiert es sich ein bisschen leichter. Wir haben leider nur diese vierzehn Paar.“

„Ja, nur noch“, mischt sich Niklas’ Opa ein. „Sie sind leider ein wenig spät dran, meine verehrte Dame. Vor einer Stunde hatten wir noch dreißig Paar. Heute Morgen sogar fünfzig.“

Niklas schaut seinen Opa mit großen Augen an. Wovon spricht der?

Aber Großvater hat erst angefangen. Er kommt jetzt so richtig in Verkaufsstimmung.

„Die gehen weg wie nichts“, behauptet er. „Ist ja kein Wunder. Bei den Schuhpreisen heutzutage. Wo bekommt man noch Schuhe für so wenig Geld. Und alle nagelneu!“

„Neu?“, staunt die Frau.

„So gut wie!“, schränkt Opa ein. „Ein-, zweimal getragen vielleicht.“

Das ist nicht mal gelogen, denkt Niklas. Seine Mutter hat viele ihrer Schuhe wirklich kaum öfter getragen. Und diese schon gar nicht, sonst hätte sie die nicht so leichten Herzens weggegeben. Opa zwinkert Niklas zu.

„Wunderbar!“, schwärmt die Frau. „Schöne Farbe!“

„Und passt hervorragend zur Farbe Ihres Kleides!“, schmeichelt Opa.

Ist ja auch kein Kunststück, denkt Niklas. Schließlich kommen alle Farben, die es gibt, in dem Kleid der bunten Frau vor.

Aber die Frau ist von Opas Kompliment ganz angetan. „Finden Sie?“

„Sicher!“, bestätigt Opa.

„Passt!“, ruft die Frau, nachdem sie den ersten Schuh probiert hat. Sie legt das erste Paar an die Seite. „Gekauft!“

Und schon schlüpft sie in das nächste Paar.

Super!, denkt Niklas. Die Schuhe haben alle die gleiche Größe. Wenn das eine Paar passte, müssen ja auch alle anderen passen!

„Sehr nett und sehr bequem! Gekauft!“, entscheidet die Frau beim zweiten Paar.

Mit dem dritten und vierten Paar ist es genauso.

Sie probiert und entscheidet innerhalb von Sekunden, ob sie kauft oder nicht. Und sie kauft. Jedes Mal.

Bis zum elften Paar. Das ist viel zu klein, genauso wie das Paar Nummer 14.

Das versteht Niklas nicht. Die Schuhe sind doch alle von seiner Mutter. Wieso hat die denn Schuhe in unterschiedlichen Größen?, fragt er sich.

Trotzdem: Zwölf Paar Schuhe stehen zum Einpacken bereit in Reih und Glied.

Zwölf Paare auf einmal verkaufen? Wahnsinn! Was macht man denn mit zwölf Paar Schuhen?, wundert sich Niklas noch.

„Hast du dich denn schon für einen Preis entschieden?“, fragt die Frau, während sie Raufuß bedauernd ansieht. „Und das Gummitierchen hier verkaufst du wirklich nicht?“

„Nein, ist unverkäuflich!“, antwortet Niklas kurz. Er stopft zur Sicherheit auch dessen Kopf in die enge Hosentasche.

„Der Preis?“, wiederholt Niklas. Er versucht das Gespräch wieder auf die Schuhe zu lenken.

Er kann es immer noch nicht glauben. Zwölf Paar Schuhe! Wie viel soll er dafür nehmen? Drei Euro für jedes Paar? Er wendet sich mit fragenden Augen an seinen Großvater.

Der schmunzelt nur und staunt genau wie Niklas. Auch er hat noch nie in seinem langen Leben zwölf Paar Schuhe gleichzeitig besessen.

„Opa!“, flüstert Niklas und tippt seinem Großvater leicht in die Seite. „Hilf mir. Wie viel soll ich denn für zwölf Paar Schuhe nehmen?“

Großvater schaut sich die Frau genau an, bevor er Niklas ins Ohr flüstert: „Frag sie doch mal, wie viel ihr diese Schuhe wert sind. Dann hast du einen Anhaltspunkt, legst aber noch ein bisschen drauf!“

„Hä?“, wundert sich Niklas.

„Sag mehr, als du haben willst. Sie freut sich dann, wenn du im Preis runtergehst! Auf einem Flohmarkt wollen die Leute handeln!“

Niklas nickt, obwohl er sich nicht so sicher ist, ob er alles richtig verstanden hat.

„Äääh“, stottert er die Frau an, „was … äh, ich meine, wie viel möchten Sie denn dafür ausgeben?“

„Also“, beginnt die Frau nachdenklich. „Ich nehme dir alle auf einmal ab …“

Sie schaut die Sohlen eines Paares mit prüfendem Blick an. „Sie sind alle gebraucht und wir sind hier auf dem Flohmarkt und nicht im Kaufhaus …“

Sie schaut auch die anderen genau an. „… und ich habe eigentlich gar nicht so viel Geld, weißt du?“ Sie überlegt noch mal. „Würdest du sie mir für 50 Euro geben?“, fragt sie und schaut Niklas erwartungsvoll an.

„50 Euro?!“, fragt er zurück. Hat er wirklich richtig gehört? 50! Niklas rechnet. Das sind ja … Niklas rechnet … 14 Euro mehr, als er dachte. Und das bedeutet ja … Niklas rechnet … er könnte sich für die Fußballschuhe entscheiden, die ihm am besten gefallen. Er hätte auf jeden Fall genug Geld, um sie zu bezahlen!

Ja!, will Niklas losbrüllen. Natürlich verkauft er die überflüssigen Schuhe seiner Mutter für 50 Euro! Da gibt er die beiden Paar Schuhe, die nicht passen, sogar noch gratis mit.

Doch plötzlich packt sein Großvater ihn an der Schulter.

Niklas schaut zu ihm auf. Großvater sagt nichts. Hebt nur die Augenbrauen und schüttelt ganz leicht mit dem Kopf.

Nicht?, denkt Niklas erschrocken. Er soll die Schuhe nicht für 50 Euro verkaufen?

Großvater kneift ihm in die Seite und aus Niklas plumpst das Wort: 60!“

Er weiß auch nicht, wie die Zahl aus seinem Mund gerutscht ist. Als hätte sein Opa ihm die Zahl aus dem Mund gezogen wie aus einem Automaten. Und plötzlich lag sie da. Direkt vor der Frau, die einen roten Kopf bekommt.

„Oh!“, sagt sie. „Mmh!“

Niklas hätte sich am liebsten die Zunge abgebissen. Was ist, wenn sie es sich jetzt anders überlegt?

„Na schön“, sagt sie und es klingt, als würde jetzt folgen: Dann eben nicht. Doch sie legt den Kopf von einer Seite zur anderen und sagt: „Ich lege noch fünf Euro drauf, aber mehr ist für mich einfach nicht möglich!“

„Okay!“, antwortet Niklas wie aus der Pistole geschossen. „Einverstanden!“, bevor sein Opa ihn wieder kneifen kann.

„Super, dass ich dich hier gefunden habe!“, sagt die Frau begeistert. „Jetzt kann ich unseren Theaterfundus endlich mit Frauenschuhen aufstocken.“

Gut gelaunt steckt sie die zwölf Paar Schuhe zufrieden in zwei große Plastikbeutel, die Großvater für solche Fälle immer dabeihat.

„Theater?“, fragt Niklas’ Opa interessiert.

Die Dame nickt fröhlich.

„Aber dann können Sie die beiden Paar, die Ihnen nicht passen, doch vielleicht auch brauchen. Für die anderen Damen Ihres Theaters?“

Niklas verschlägt es die Sprache. Jetzt will sein Opa der Frau doch tatsächlich noch die letzten beiden Paar andrehen?

Die Dame lacht Niklas' Opa an. „Das ist eine gute Idee, aber leider sind wir im Moment nur zu dritt in unserer Theatergruppe. Und ich bin die einzige Frau."

„Schade!", sagt Opa.

„Find ich auch", sagt die Frau.

„Ich schenke sie Ihnen trotzdem", entscheidet Niklas ganz spontan. „Falls noch eine Frau hinzukommt!"

Die Dame lächelt Niklas an. „Du bist aber ein netter Junge!"

Niklas hat das Gefühl, dass er rot anläuft.

Die Frau steckt die Schuhe ein und als sie geht, dreht sie sich alle drei Meter um und winkt noch mal.

Da zählt Niklas aber schon seine 55 Euro zum dritten Mal durch.

Vollbepackt verschwindet die Frau schließlich in der Menge.

Irgendwie erinnert Niklas das Bild an den Mann bei den Müllcontainern.

„Sag mal, Opa?", fragt Niklas. „Hast du zu Hause vielleicht auch Schuhe, die du nicht mehr brauchst?"

Opa lacht: „Einen ganzen Schrank voll habe ich nicht, aber genug für jeden Tag. Warum fragst du? Da fällt mir ein: Wie ist das eigentlich mit einer Beteiligung? Bekomme ich für meine gute Idee und für meine Mitarbeit etwas von den Einnahmen ab?"

„Ja", sagt Niklas, „du kannst mich am nächsten Sonntag in meinen neuen Schuhen spielen sehen. Übrigens ein Pokalspiel."

Großvater hat verstanden. Die Einnahmen dieses Tages fließen direkt in Niklas' neue Fußballschuhe. Trotzdem verspricht er: „Ich schaue zu Hause noch mal nach ein paar alten Schuhen! Wofür brauchst du die denn? Du hast doch jetzt genug Geld!"

„Ein Geheimnis!", antwortet Niklas nur.

Am nächsten Morgen geht Niklas extra etwas früher los. Er will auf keinen Fall wieder zu spät in die Schule kommen. Aber er hat vorher noch etwas Wichtiges zu erledigen.

„Nanu?", wundert sich seine Mutter. „So früh gehst du schon? Und was hast du da in der Tüte?"

Niklas hält eine große Plastiktüte in der Hand. Irgendwie hatte er gehofft, seine Mutter würde sie nicht sehen.

„Ein Geheimnis!", sagt Niklas, genauso wie er es seinem

Opa gesagt hatte. Am Abend vorher kam er noch vorbei und hat Niklas tatsächlich zwei alte Paar Schuhe gebracht. Und zwar so geschickt, dass Niklas' Eltern das nicht mitbekommen haben. Opa ging wieder, ohne eine einzige Frage zu stellen.

Niklas' Mutter ist da ganz anders. Offenbar glaubt sie, Geheimnisse sind dazu da, jederzeit lauthals ausgeplaudert zu werden.

„Geheimnis?", fragt sie. „Was denn für ein Geheimnis?"

Niklas verdreht die Augen.

„Wenn ich es sage, ist es ja kein Geheimnis mehr!"

„Ach, i wo!", widerspricht seine Mutter. „Mir kannst du es ja wohl sagen!"

„Nein!", sagt Niklas entschieden.

„Wieso denn nicht?"

„Weil es ein Geheimnis ist!", wiederholt Niklas. Wenn das so weitergeht, kommt er doch noch zu spät in die Schule.

„Das ist doch Quatsch!", findet seine Mutter. „Was soll denn das für ein Geheimnis sein?"

Es ist genau, wie Niklas es befürchtet hatte. Seine Mutter hat nicht das geringste Verständnis für Geheimnisse.

„Geheimnisse sind überhaupt kein Quatsch!", wehrt sich Niklas.

„Sondern?" Seine Mutter hat nun schon die Hände in die Hüften gestützt. Allmählich wird sie sauer.

„Sondern geheim!", sagt Niklas und geht schnell aus der Tür. Er will wirklich nicht zu spät in die Schule kommen.

Kopfschüttelnd sieht seine Mutter ihm nach.

Als er die Müllcontainer erreicht hat, sieht Niklas ein paar leere Flaschen rumstehen und weiß, dass er rechtzeitig gekommen ist. Der alte Mann hat sie heute noch nicht abgeholt. Niklas stellt seine Tüte direkt neben den Altglascontainer. An die Tüte hat er einen Zettel geheftet, auf dem steht:

Bitte mitnehmen!
Diese Schuhe passen meinem Opa nicht mehr.
Aber vielleicht haben Sie ja die richtige Größe.
Niklas

In der Tüte liegen zwei Paar von Großvaters alten Schuhen. Niklas hofft, dass der obdachlose Mann sie findet, bevor sie jemand Anderes mitnimmt.

Nach der Schule schaut Niklas sofort nach. Die Tüte ist weg. Aber an dem Container klebt ein Zettel.

Danke.
Sie passen super.
Günni

Niklas freut sich.

Da soll mal einer sagen, Geheimnisse wären Quatsch!

Noch mehr aber freut Niklas sich am Nachmittag, als er endlich wieder im Sportgeschäft steht. In der Schuhabteilung. Seine Augen wandern von Paar zu Paar.

Er kennt sie alle. Hat sich jedes Paar in den vergangenen Tagen noch mal genau in den Prospekten angeschaut. Nur entschieden hat er sich noch nicht. Durch die Flohmarktaktion hat er so viel Geld eingenommen, dass er sich fast jeden Schuh leisten kann. Da fällt die Wahl gleich viel schwerer.

Tobias ist auch wieder mitgekommen. Für ihn ist die Wahl sonnenklar: „Ich würde den nehmen!“

Zielsicher geht er auf einen roten Fußballschuh zu, nimmt ihn vom Regal und hält ihn Niklas hin.

Niklas betrachtet ihn fachmännisch, dreht ihn in seinen Händen. Der Schuh ist wirklich gut. Aber …

„Ich glaube, ich will keinen roten!“, sagt er. „Das sieht immer ein bisschen aus, als hätte man blutige Füße.“

Tobias lacht. „Du hast vielleicht Ideen! Ich finde rote Schuhe cool! Welche Farbe willst du denn?“

Niklas zuckt mit den Schultern. Wenn er das wüsste!

„Vielleicht braune!“, scherzt Tobias. „Dann sieht es aus wie Schokoladenfüße!“

„Oder wie Kacke!“, entgegnet Niklas.

Darüber müssen beide laut lachen. So laut, dass gleich ein Verkäufer herangerauscht kommt.

„Kann ich helfen?“, fragt er. Aber es klingt, als wollte er sagen: Was ist denn hier los?

„Ja!“, antwortet Niklas. „Ich suche Fußballschuhe, aber es ist immer nur einer da. Kann ich mal beide anprobieren?“

„Natürlich!“, sagt der Verkäufer. „Welchen willst du denn probieren?“

Da ist sie wieder, die Frage. Niklas weiß es nicht. Er zeigt auf einen weißen. Der Verkäufer flitzt los und holt den Karton, in dem der dazu passende rechte Schuh liegt.

Niklas probiert ihn an. Fühlt sich super an. Er geht auf und ab und macht sogar einen kleinen Spurt durch die Abteilung.

„Und?“, fragt der Verkäufer.

„Toll!“, findet Niklas.

„Probier doch mal die roten!“, schlägt Tobias vor.

Und Niklas probiert auch die roten.

Und dann noch schwarze. Und braune. Und noch mal schwarze. Dann blaue. Acht Paar hintereinander, die jetzt neben ihm stehen. Er kommt sich schon vor wie die Dame auf dem Flohmarkt. Nur dass er nicht wie die Dame einfach alle Schuhe auf einmal nehmen wird, sondern sich für ein Paar entscheiden muss.

Aber wie soll er entscheiden, welche die besten für ihn sind? Das Gefühl beim Gehen und Laufen ist in allen Schuhen wundervoll. In dem einen Paar wird jeder Schritt watteweich abgefedert, in dem anderen Paar genauso. Alle Schuhe sehen auch gut aus. Okay, die braunen und die roten sind aussortiert. Bleiben schwarze, weiße und blaue. Niklas kann sich nicht entscheiden. Da hat er plötzlich eine Idee.

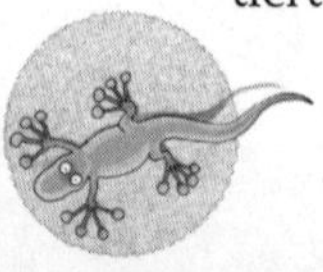

„Gibt es eigentlich noch andere Farben?“, fragt er.

Der Verkäufer schaut ihn verdutzt an. „Was für andere Farben? Du hast braune, weiße, schwarze, rote und blaue anprobiert!“

„Ich weiß“, gibt Niklas dem Verkäufer Recht. „Aber noch andere?“

Der Verkäufer schüttelt den Kopf. „Nur was hier steht!“

Das hat Niklas sich schon gedacht. Das sagen Verkäufer immer. Einmal musste Niklas mit seiner Mutter Schuhe einkaufen gehen. Das war todlangweilig. Aber immerhin hat er bei seiner Mutter gelernt, sich nicht abspeisen zu lassen. Deshalb fragt Niklas genau das, was seine Mutter damals die Verkäuferin gefragt hatte: „In einer anderen Filiale vielleicht?“

„Andere Filiale?“, wiederholt der Verkäufer etwas ratlos.

Niklas nickt und lächelt den Verkäufer freundlich an: „Ja, vielleicht haben die in einer anderen Filiale grüne Fußballschuhe?“

„Grüne?“, fragt der Verkäufer überrascht nach. „Das habe ich ja noch nie gehört!“

„Eben!“, sagt Niklas entschieden. „Deshalb ja!“

Und plötzlich ist Niklas von seiner Idee komplett überzeugt: Grüne Fußballschuhe wären der Hammer.

Auch Tobias schaut Niklas verblüfft an und scheint sich gerade vorzustellen, wie wohl grüne Fußballschuhe aussehen könnten.

„Bestimmt cool?“, glaubt er schließlich.

Sogar der Verkäufer ist von der Idee angetan. Ob es überhaupt grüne Fußballschuhe gibt, interessiert ihn jetzt auch.

„Grün ist wirklich selten“, sagt er. „Und ich bin jetzt schon zehn Jahre in diesem Beruf, aber ich erinnere mich … im letzten Jahr …“

Niklas kann fast sehen, wie der Verkäufer in seinem Gedächtnis nach etwas Passendem sucht.

„Warte hier, ich bin gleich wieder da“, verspricht er und verschwindet hinter einer Tür.

Tobias schaut Niklas auf die Füße.

An seinem linken Fuß trägt Niklas einen blauen, am rechten einen weißen Fußballschuh.

„Das hätte auch was“, findet Tobias.

Niklas geht vor den Spiegel und begutachtet, wie wohl zwei verschiedene Fußballschuhe aussehen würden. Gar nicht mal so schlecht.

„Aber dann müsste ich zwei Paar kaufen, um die zu mixen“, fällt Niklas ein.

Tobias nickt. Das glaubt er auch.

Da erscheint der Verkäufer schon wieder.

„Tut mir leid, wie schon gesagt, aktuell gibt’s keine in Grün!“

„Schade!“, findet Niklas und schaut enttäuscht auf seine Füße.

„Aber Kopf hoch, bevor du ihn zu früh in den Sand steckst!“, ermuntert ihn der Verkäufer.

Erst jetzt erkennt Niklas, dass er nicht mit leeren Händen zurückgekehrt ist, sondern zwei Kartons in den Armen hält. Er stellt sie zu den anderen auf den Boden und öffnet den ersten.

„Wir haben ein einziges Auslaufmodell vom Vorjahr in Grün“, erklärt er und zieht einen grünen Fußballschuh heraus.

Auf den ersten Blick weiß Niklas: Das ist genau der Schuh, den er haben möchte!

Jetzt kommt es auf die Größe an.

„Das sind die letzten beiden Auslaufmodelle“, sagt der Verkäufer. „Eines in 36, eines in 37. Vielleicht hast du Glück und eines dieser beiden Paare passt.“

Niklas schlüpft schnell in das größere Paar.

„Super, die passen!“, brüllt er.

„Abwarten“, bremst der Verkäufer seine Begeisterung. „Lauf lieber noch mal in der Abteilung hoch und runter und entscheide dich erst, wenn du ein bisschen gegangen bist.“

„Nicht nötig!“ Niklas schüttelt kräftig den Kopf. Das ist *samtweich-federleicht-grüngefärbt-gedämpft-sonnenklar!* Genau das ist sein Fußballschuh!

„Wenn du dich für dieses Paar entscheidest, dann kann ich dir auch einen Rabatt geben. Auslaufmodelle des letzten Jahres kosten grundsätzlich zehn Euro weniger, also kosten diese nicht mehr 49, sondern 39 Euro.“

„Super, kann ich sie gleich anlassen?“, fragt Niklas. „Bis zum Training muss ich sie ja noch ein bisschen einlaufen.“

„Einverstanden. Dann lege ich deine Schuhe in den Karton, ja?“, fragt der Verkäufer und verstaut Niklas’ Straßenschuhe in der Schachtel.

Wirklich wie auf Wattewolken!, findet Niklas und tritt im Laufschritt den Heimweg an. Sein Rucksack mit den Straßenschuhen im Karton wackelt bei jedem Schritt hoch und runter, aber das stört ihn jetzt nicht. Er will die perfekte Dämpfung seiner neuen gleich in vollen Zügen genießen und probiert möglichst oft den Untergrund zu wechseln. Vom harten Asphalt auf nasses Gras, von sandigem Untergrund auf die rauen Steine der Bordsteinkanten. Mit solchen Schuhen kann man fast gar nicht anders, als durch die Stadt zu rennen.

Niklas' neue Schuhe sind auch beim Training der große Knüller. Kaum hat Niklas sie ausgepackt, starren alle Augen seiner Mannschaftskollegen darauf.

„Grüne Schuhe, ey. Das hab ich ja noch nie gesehen!", posaunt Rudi als Erster heraus.

Niklas weiß nicht genau, ob das ein Lob sein sollte oder eine verächtliche Bemerkung war.

Tobias springt für ihn ein.

„War das letzte Paar. Cool, oder? Hätte ich auch gern!"

Tobias patscht seine alten Treter auf den Boden. „Meine fallen mir bald von den Füßen!"

Nachdem Tobias die Marschroute ausgegeben hat, dass grüne Fußballschuhe cool und nicht doof sind, stimmen auch die anderen ein.

„Waren die teuer?", fragt Freddy nach.

„Nicht so wie deine!", sagt Niklas schnell. Er will keinen neuen Streit mit Freddy.

„Aber fast!", wirft Tobias ein.

Freddy kommt auf Niklas zu.

„Darf ich mal?“, fragt er und nimmt sich den linken, neuen Fußballschuh. Er inspiziert jede Einzelheit und schaut auch die Sohlen genau an.

„Nicht schlecht!“, gibt er nach seiner eingehenden Untersuchung bekannt.

Mehr konnte Niklas von ihm wohl auch nicht erwarten.

Er nimmt den Schuh wieder von Freddy entgegen und schlüpft hinein.

Ein supergutes Gefühl.

Aus den Augenwinkeln sieht er, wie Tobias sich in seine alten Treter quetscht.

„Vielleicht ist die Idee von meinem Opa ja auch was für dich“, überlegt Niklas laut.

„Oje, das kannst du knicken“, winkt Tobias ab. „Meine Mutter trägt Schuhgröße 43, und die gibt es für Frauen nur so selten, dass meine Mutter alle Schuhe bis zum Schluss aufträgt. Die kann danach niemand weitertragen, und selbst wenn, wie viele Frauen haben schon Größe 43?“

„Abwarten. Wir finden auch für dich eine gute Lösung“, verspricht Niklas.

„Und? Alle fit?“ Der Trainer hat den Umkleideraum betreten. Sofort fallen ihm Niklas’ neue Schuhe auf.

„Na, da kann ja am Sonntag nichts schiefgehen, oder?“, fragt er und lächelt Niklas an.

„Nein!“, strahlt Niklas zurück. „Wir werden beide in neuen Schuhen im Pokalspiel am Sonntag Gas geben und unseren Gegnern zeigen, wie man Dampf macht!“

„Wir?“, fragt der Trainer.

Niklas zeigt auf Tobias. „Tobias und ich!“

Der Trainer glotzt auf Tobias’ alte Treter. „Die sind doch aber gar nicht neu, oder?“

„Nee!“, murrt Tobias.

„Noch nicht!“, ruft Niklas dazwischen. „Aber noch ist ja auch nicht Sonntag!“

Tobias und der Trainer sehen sich fragend an. Tobias zuckt mit den Schultern. Er hat keine Ahnung, wie Niklas das gemeint hat.

Inzwischen sind alle fertig umgezogen und wundern sich, dass der Trainer das Netz mit den Bällen noch nicht aus dem Lager geholt hat.

„Ich habe heute eine ganz besondere Überraschung für euch“, kündigt der Trainer geheimnisvoll an. Alle Augen und Ohren sind nun auf ihn gerichtet.

„Am besten, ihr setzt euch erst mal alle hin.“ Das ist eine wirklich sehr ungewöhnliche Aufforderung. Gerade waren sie

alle aufgestanden, um hinaus auf den Trainingsplatz zu laufen. Zum Warmlaufen, wie der Trainer es sonst immer verlangt.

Jetzt aber wartet er, bis auch der Letzte irgendwo auf der Bank im Umkleideraum Platz genommen hat.

„Der Fußballbund hat eine Entscheidung getroffen, die für uns sehr wichtig ist. Und jetzt alle genau zuhören!"

Natürlich klappt das nicht. Viel zu aufregend ist die Ankündigung, so dass man mit seinem Nachbarn sofort herumratseln muss, was das wohl für eine Entscheidung sein könnte.

„Zuhören, habe ich gesagt!", ruft der Trainer in die Runde. „Freddy, du auch! Kay: Klappe zu und Ohren auf. Nicht umgekehrt!"

Alle lachen.

„Psssst!", machen einige. Sie wollen endlich hören, was das für eine Entscheidung ist, die für sie wichtig ist.

Der Trainer wartet, bis es wieder ruhig geworden ist.

„Also …", beginnt er.

„Aua!", schreit Rudi und boxt Freddy auf den Oberarm.

„Himmel!", schimpft der Trainer. „Ruhe!"

„Mann, der Blödmann hat sich voll auf meine Hand gesetzt!", beschwert sich Rudi.

Jetzt steht Tobias auf: „SCHNAUZE JETZT! Der Trainer hat uns was mitzuteilen!"

Schlagartig wird es still.

Tobias setzt sich wieder.

Der Trainer fährt fort: „Also, der Fußballbund hat entschieden: Wer am Sonntag den Pokal gewinnt, darf ein Vorspiel im Stadion machen."

Alle staunen.

Alle schweigen.

Aber nur ein paar Sekunden. Dann geht die große Fragerei los.

„Was denn für ein Stadion?“, wundert sich Kay. Ihr Verein besitzt gar kein Stadion. Der ist froh über den Rasenplatz mit der kleinen Minitribüne, die 400 Zuschauer fasst.

„Im großen Bundesligastadion“, präzisiert der Trainer. Und schaut in dreizehn offene Münder.

„Im gro…“, stottert Freddy.

Der Trainer nickt. „… großen Bundesligastadion. Ganz richtig. In das exakt 55 771 Zuschauer reinpassen!“

„Na toll!“, meckert Kay. „Da findet man unsere Eltern ja gar nicht wieder. Und mehr schauen doch ohnehin nicht zu.“

„Ist doch schnurz, ey!“, findet Tobias. „Aber allein der Rasen!“

„Und die Netze!“, ergänzt Rudi. Er ist sicher, bei so tollen Netzen donnert er mindestens zwei Dinger ins Tor. Auf jeder Seite eins.

„Ich weiß nicht“, gibt auch Niklas zu bedenken. „In einem riesigen, leeren Stadion spielen?“

Das findet er ein bisschen unheimlich.

„Leute!“, beruhigt der Trainer. „Was glaubt ihr denn? Das Stadion wird ausverkauft sein!“

„Ha! Ha!“, brüllt Kay. „Das glaube ich auch. 55 000 Zuschauer kommen, um uns spielen zu sehen. Ja, ja, ganz bestimmt!“ Er tippt sich mit dem Zeigefinger an die Stirn.

„Das Beste hab ich doch noch gar nicht erzählt“,

schmunzelt der Trainer. „Ihr spielt vor einem vollen Haus, denn es ist das Vorspiel zum letzten Testspiel unserer Nationalmannschaft vor der Europameisterschaft.“

Bums!

Die Worte des Trainers haben eingeschlagen wie ein Blitz.

Elektrisiert sitzen alle da. Unfähig ein Wort zu sagen. Unfähig sich zu bewegen.

Sie sind einfach nur platt vor Verwunderung.

Der Erste, der sich bewegt, ist Tobias. Er steckt seinen rechten Zeigefinger in sein rechtes Ohr und rüttelt darin herum, als hätte er Wasser hineinbekommen. Hat er das eben richtig gehört?

Auch Niklas glaubt noch, alles irgendwie falsch verstanden zu haben.

Rudi probiert, ob seine Zunge noch zum Sprechen taugt: „Na…, Na…, National … mannschaft?“

„Eu… Eu…, Europa … meister … schaft?“, macht es Kay ihm beinahe nach.

Der Trainer nickt.

„Da seid ihr platt, oder? Ich wiederhole zum Mitschreiben: Der Sieger des Pokalendspiels bestreitet das Vorspiel zum letzten Testspiel unserer Nationalmannschaft vor der Europameisterschaft. Das Testspiel ist gegen …“

„ITALIEN!“, schreit es ihm wie aus einer Kehle entgegen. Das wissen natürlich alle.

Jetzt ist der Bann gebrochen.

Alle haben verstanden, was der Trainer gesagt hat. Und alle glauben es jetzt auch.

Ein wildes Geschrei dröhnt durch die Umkleidekabine und geht sofort in einen mehr oder minder melodischen Schreigesang über.

„Euuuurooopa – mei-hei s t e r s c h a f t !“

Niemand sitzt mehr. Alle stehen auf der Bank, springen und tanzen darauf herum, heben und senken die Arme im Rhythmus ihres Gebrülls.

„Euuuurooopa – mei-hei s t e r s c h a f t !“

Nur hin und wieder unterbrochen durch kurzes, rhythmisches Klatschen unterstützt „I-ta-lien! I-ta-lien!“.

In der Garderobe ist der Ausnahmezustand eingetreten.

Sogar Sven, der sonst immer sehr zurückhaltend mit seinen Reaktionen ist, steht mit ausgebreiteten Armen über dem Kopf und eingeknickten Knien in Jubelpose, streckt die Fäuste siegesgewiss in die Luft und fixiert irgendeinen Ort an der Decke über ihm.

Tobias hakt sich bei Niklas ein und beginnt mit ihm ein Ringeltänzchen.

Benjamin, Stefan und Rudi machen eine La-Ola-Welle vor dem Trainer, der sich das Spektakel grinsend anschaut.

Nach einer Weile hält er den Zeigefinger vor den Mund. Das heißt: Ruhe sofort, jetzt rede ich!

Nur langsam werden alle leiser, um hören zu können, was da jetzt noch kommt.

„Es gibt da nur noch ein kleines Problem“, kündigt der Trainer an.

Sofort werden die Gesichter länger.

Es war ja klar, dass die Sache einen Haken hat.

„Der Sieger bestreitet das Vorspiel, hat der Fußballbund entschieden!“, wiederholt der Trainer. „Das heißt: Erst mal müssen wir Sonntag gewinnen!“

Sofort bricht das Jubelgeschrei wieder los.

Das soll der Haken an der Geschichte sein? Wenn's weiter nichts ist.

„Die hauen wir weg!“, brüllt Tobias und sofort stimmen alle ein.

Niemand zweifelt auch nur eine Sekunde daran, dass es ihnen diesmal gelingen wird, die Gelben blass aussehen zu lassen. Zweimal waren sie als Verlierer gegen die Gelben vom Feld gegangen, das dritte Mal erreichten sie ein Unentschieden. Jetzt glauben alle an den Sieg!

Das Pokalendspiel ist so gut wie gewonnen.

Nur Stefan wagt zu fragen, was mit dem Verlierer ist.

„Die Verlierer des Pokalspiels werden auf die Tribünen eingeladen“, erläutert der Trainer.

Doch davon will niemand etwas wissen.

„Die Verlierer …“, stimmt Freddy singend ein und zeigt auf Rudi. Der setzt den Gesang fort: „… das sind die anderen!“

Nur der Trainer weiß: So leicht gewinnt man kein Pokalendspiel.

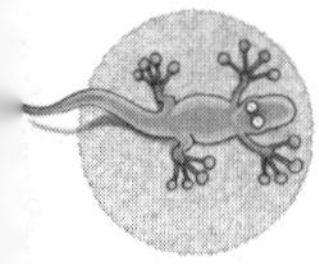

TRAINING, TECHNIK, TAKTIK

Das Training am Montag und das letzte Training vor dem Pokalendspiel waren härter als sonst. Das letzte war aber kürzer. Der Trainer beendet es draußen auf dem Platz vorzeitig und schickt die Jungs in die Garderobe, wo er einen Ständer mit großen weißen Blättern aufbaut.

Obwohl das Training kürzer war, sind die Jungs vollkommen ausgelaugt. So viel Konditionstraining hatten sie lange nicht mehr. Aber niemand hat gemurrt. Hat man ja gesehen bei der deutschen Nationalmannschaft bei der WM, was gute Kondition so bringen kann. Aber bis zum nächsten Sonntag ist da vermutlich auch nichts mehr aufzuholen, denkt Niklas.

Der Trainer beginnt auf seinen Blättern wild herumzumalen. *Trockenes Training,* nennt er es. Obwohl es draußen gar nicht nass ist.

Ein Spielfeld hat er aufgemalt. Darauf malt er rote und grüne Kreise, Halbkreise, Schlangenlinien, haufenweise schwarze Linien.

Die sehen fast aus wie kleine Kunstwerke, findet Niklas und schmunzelt bei dem Gedanken, der Trainer sei ein Künstler, der einfach noch nicht entdeckt worden ist. Schnell aber konzentriert er sich wieder auf das, was der sagt. Denn, ehrlich gesagt, er versteht so gut wie gar nichts.

Die anderen zum Glück auch nicht.

Der Trainer beschreibt mit seinen Kritzeleien verschiedene Spielsituationen. Punkte stehen für Spieler aus Niklas' Mann-

schaft, Kreuze für die Gegenspieler und Pfeile, die scheinbar wild über das Blatt schießen, für die Spielzüge. Diese Pfeile sind für den Trainer überhaupt kein großes Durcheinander. Im Gegenteil: Die Pfeile sollen im bevorstehenden Pokalspiel zum Beispiel weite Pässe von Freddy in den tiefen Raum zu Rudi sein, eine gekonnte Ballannahme von Stefans Anspiel natürlich vorausgesetzt.

Je mehr der Trainer erklärt, desto mehr zerknittern die Gesichter der Jungs.

„Stellt euch vor, ihr spielt in einem Orchester", sagt der Trainer. „Jeder hat sein Instrument, alle spielen das gleiche Lied, und das geht nur zusammen."

„Ich spiele Blockflöte!", ruft Kay dazwischen.

„Nee, du hast nur ein Blockflötengesicht!", kommentiert Freddy.

„Leute!", meckert der Trainer. „Konzentriert euch!"

Tobias versucht es.

„Ich versteh das nicht. Wo ist denn das Tor?", fragt er.

„Immer da, wo du danebensemmelst", lästert Demir.

Alle lachen und hoffen, der Vortrag ist jetzt endlich vorbei.

Aber daran ist gar nicht zu denken.

„Mir scheint, ihr wollt das Vorspiel lieber von den Rängen aus sehen!", schimpft der Trainer.

Sofort wird es wieder still.

„Also", versucht der Trainer es noch mal. „Rudi geht in die Spitze. Freddy serviert ihm die langen Pässe. Demir als hängende Spitze erkämpft den zweiten Ball! Stefan hilft ihm dabei aus dem offensiven Mittelfeld!"

„Was denn für einen zweiten Ball?“, wundert sich Demir. „Spielen wir mit zwei Bällen?“

Wieder lachen alle.

„Der ist so blöd, dass ihn die Schweine beißen!“, rächt sich Tobias sofort für Demirs Bemerkung zum Tor.

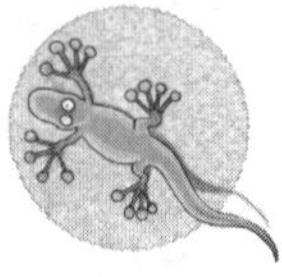

„Oink, oink!“, macht Freddy.

Wieder lachen alle.

„Freddy!“, ruft der Trainer. „Dann erklär du es!“

Das kann Freddy natürlich nicht.

„Wir spielen offensiv nach vorne!“, erklärt der Trainer. „Gehen auch mal ein Risiko ein. Steil spielen. Direkt spielen. Schnell spielen. Dabei kann man den Ball auch mal verlieren. Alles nicht so schlimm. Aber dann muss man den Ball sofort zurückerobern! Jeden Abpraller, jede erste Abwehr, jeden Kopfball der gegnerischen Abwehr holen wir uns: Das ist der Kampf um den zweiten Ball. Versteht ihr? Angreifen. Wird er abgewehrt, sofort den Ball wieder holen!“

Man sieht förmlich, wie es in Demirs Kopf klickert. Und auch die anderen beginnen zu begreifen.

Der Trainer unterstreicht seine Worte noch mal mit schwarzen Angriff- und roten Abwehrpfeilen.

Jetzt hat auch Niklas verstanden, was der Trainer ihnen sagen wollte.

Nur Stefan hat noch eine Frage: „Bin ich jetzt defensiver Angreifer oder offensiver Mittelfeldspieler?“

„Du beginnst als offensiver Mittelfeldspieler. Sollten wir zurückliegen, gehst du noch weiter nach vorne, mindestens bis zum Ausgleich. Das signalisiere ich dir aber dann!“

„Aha!“, macht Stefan.

Niklas glaubt nicht, dass er das verstanden hat.

Sonst hat niemand mehr eine Frage.

„Wir treffen uns diesmal schon halb zehn. Dann erkläre ich euch diese Spielzüge noch mal. Also pünktlich halb zehn am Vereinsheim!“, beendet er endlich das trockene Training.

„Jaaaa“, antworten die Jungs erleichtert.

Aber da fehlt doch noch was?, denkt Niklas.

„Und das Wichtigste?“, fragt der Trainer noch mal in die ganze Runde.

Er hat es nicht vergessen.

„Teamgeist und Tore!“, antworten die Jungs mit einer Stimme, wie ein echter Chor.

Doch damit ist die Orchesterprobe immer noch nicht beendet.

Niklas hat noch etwas zu sagen.

Leider merkt das aber niemand. Aus den meisten Köpfen sprudeln noch Gedanken zum bevorstehenden Spiel und zu dem, was der Trainer gesagt hat.

„Die hauen wir weg!“, ruft jemand aus der Ecke. Die anderen grölen zustimmend.

Niklas winkt mit den Armen, als hätte er auf einer einsamen Insel in der Ferne ein Schiff entdeckt.

„Seid doch mal bitte ruhig und hört mal zu!“, ruft er.

Der eine oder andere hebt zwar kurz interessiert den Kopf, aber als andere weiterreden und lachen, schauen auch sie wieder weg.

Niklas muss sich auf die Bank stellen, um wahrgenommen zu werden.

Er legt die Hände wie einen Trichter vor den Mund und brüllt: „Alle mal herhööööörn!“

Die Jungs sind jetzt leiser, bleiben aber auf ihren Plätzen. Denn mitten im Umziehen, erst mit einem Bein wieder in der Hose, oder mit dem Kopf noch nicht wieder aus dem Pullover aufgetaucht, kann man sich schlecht versammeln. So brüllt Niklas einfach weiter in die Garderobe hinein.

Nur Freddy ist schon fertig. Er hat sich lediglich andere Schuhe angezogen und seine neue weiße Jacke über das verschwitzte Trikot gestreift, besonders cool. Er steht in der Tür, als Niklas aufgeregt mit seiner Ansprache beginnt:

„Also, äh, wie soll ich es sagen. Äh, also, wie oft kauft ihr euch zum Beispiel ein Eis?“

Niemand versteht, was Niklas will.

„Hä?“, ruft Freddy. „Was ist das denn für ’ne bescheuerte Frage? Geht dich überhaupt nichts an.“

„Also ich etwa ein Mal die Woche“, ruft Niklas in die Runde.

„Na und?“, fragt jemand.

„Kannst mich ja mal einladen.“

Das war Stefan. Er erntet viele Lacher.

„Genau das mache ich, wenn du mir weiter zuhörst“, verspricht Niklas.

„Echt?“, fragt jetzt Tobias. „Dann hör ich ab jetzt auch zu!“

Freddy grinst. „Ich auch!“

„Okay“, macht Niklas weiter.

Jetzt hat er die Aufmerksamkeit aller. Jeder will wissen, wie er an ein Eis kommt.

„Oder Sammelbilder“, fährt Niklas fort. „Kaufe ich mir auch jede Woche.“

„Lenk nicht ab“, ruft Freddy dazwischen. „Was ist jetzt mit dem Eis?“

„Kommt“, versichert Niklas. „Ich wollte nur sagen: Für Eis und Sammelbilder gebe ich pro Woche zwei Euro aus. Und die lege ich jetzt hier in meinen neuen linken Schuh.“

„Der mieft trotzdem“, findet jemand.

Die anderen lachen.

Niklas zeigt den anderen das Innere des Schuhs mit einer kreisenden Armbewegung. Demir schaut rein und rümpft die Nase.

„Dieser Schuh ist ab sofort eine Spendendose für eine Sofort-Geld-Aktion!“, erklärt Niklas. „Der Erlös geht direkt und ohne Umwege in neue Fußballschuhe für Tobias. Dafür verzichte ich auf Eis und Sammelbilder. Wer macht mit?“

Tobias steht mit offenem Mund da und kann nichts mehr sagen vor Verblüffung.

Auch die anderen staunen nur und sagen gar nichts mehr.

„Ich lege den Schuh hier an den Ausgang und jeder, der will, gibt seine kleine Spende“, erläutert Niklas weiter. „Und jeden, der Geld spendet, lade ich nach unserem Spiel im Stadion zu mir nach Hause ein. Ich weiß, wie man Eis selber machen kann.“

Endlich bekommt Niklas für seine Idee und für seine kleine Rede tosenden Beifall.

Anschließend zückt Freddy als Erster mit einem überlegenen Lächeln einen 5-Euro-Schein aus seiner Hosentasche und legt das Geld in den Schuh.

Niklas grinst zu Tobias rüber, der seinen Augen noch immer nicht traut.

Jetzt hat die Spendenaktion alle erfasst. Jeder stöbert im Geldbeutel und legt etwas Geld in den Schuh.

Nur Stefan nicht. Er geht direkt zu Tobias und überreicht ihm ein Stück Papier, nicht größer als die Mitgliedskarte des Vereins, und sagt: „Ich hab leider kein Taschengeld mehr, aber dieser Gutschein hilft dir ja vielleicht auch.“

Tobias liest laut vor: „Sonderaktion: 10% Rabatt auf Sportkleidung und Sportschuhe. Für den richtigen Start in den Sommer. Gültig vom 1. Mai bis 23. Juni."

„Super, Stefan!" Niklas weiß sofort, was das bedeutet. „Bei zehn Euro sparst du einen Euro. Bei zwanzig zwei, bei dreißig drei."

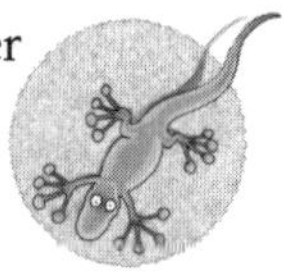

„Genau!", lacht Freddy. „Am meisten spart er, wenn er Schuhe für zweihundert Euro kauft!"

Tobias steckt den Gutschein glücklich ein.

Im Hintergrund hört er es wieder klimpern. Ein schönes Geräusch, wenn Geldmünzen in einem Spendenschuh aufeinanderstoßen.

„Tschüss und viel Glück beim Zählen", verabschiedet sich Stefan nach einiger Zeit als Letzter. Alle sind gegangen. Nur Niklas und Tobias sind noch nicht fertig mit Packen. Sie haben Kassensturz gemacht und den Inhalt des Schuhs ausgeschüttet.

„17 Euro 70, 18 Euro 20", zählt Niklas laut, als der Trainer gerade die Garderobe schließen will und die beiden noch in der Umkleide entdeckt.

„Wir haben insgesamt 18 Euro 20 für Tobias' Schuhe gesammelt!", ruft Niklas.

Tobias steckt überglücklich das Geld ein und Niklas packt seine Spendendose zum anderen Schuh in die Seitentasche.

„Wollen wir tauschen?", fragt der Trainer und streckt Tobias einen 20-Euro-Schein entgegen. „Du gibst mir das Kleingeld und ich gebe dir einen Schein?"

Da muss Tobias natürlich nicht lange überlegen. „Klar

wollen wir tauschen!“, sagt er und schüttet die gesammelten Münzen in den geöffneten Geldbeutel, den ihm der Trainer entgegenhält.

„Ich korrigiere!“, verkündet Niklas. „Wir haben 20 Euro und einen Gutschein gesammelt. Und den Rest werden wir auch noch auftreiben.“

Dabei zwinkert er Tobias zu. Der ist immer noch ganz sprachlos und kann es nicht glauben. Die Schuhe, die er sich gern kaufen würde, kosten 39 Euro 50. Mit der tollen Idee von Niklas und der Unterstützung seiner Mannschaft und des Trainers hat er innerhalb von wenigen Minuten schon mehr als die Hälfte für seine Schuhe zusammen. Wahnsinn!

15 Euro hat Tobias’ Vater schon zugesagt.

Als sie draußen sind und weil sie keinen Stift dabeihaben, kritzeln sie ihre Rechnung in den Sand:

Eine 20 für das gesammelte Geld.

Darunter eine 15 für das Geld von Tobias’ Vater.

Sind 35 Euro, schreibt Niklas in den Sand.

Die Schuhe kosten 39,50. Zehn Prozent davon sind …

Das ist zu schwer für Tobias, doch Niklas weiß, da muss er nur das Komma wegwischen und eine Stelle weiter links wieder hinmalen: 3,950. Also können sie 3 Euro 95 Rabatt zu den 35 dazuzählen. Macht alles zusammen: Niklas malt eine große 38,95 in den Sand.

„Dir fehlen bloß noch 55 Cent!“

Tobias’ Lächeln ist so breit, dass es von einem Ohr zum anderen reicht.

55 Cent hat er nämlich selbst noch in der Tasche.

Am nächsten Nachmittag ist es dann so weit: Tobias steht an der Kasse, bezahlt seine neuen roten Schuhe und freut sich riesig.

„Ich weiß jetzt, wie ich mich bei den anderen bedanken kann. Ich werde mit meinen neuen Schuhen einfach keinen Gegner durchlassen. Und wenn es gefährlich wird, werde ich mit meinen neuen Schuhen treffsicher auf den Ball halten." Und plötzlich fällt ihm noch etwas ein. „Jetzt können wir es doch machen!", blinzelt er Niklas zu, der ihn selbstverständlich beim Kauf beraten hat. „Natürlich nur, wenn du willst."

„Hä? Wovon sprichst du?", fragt Niklas.

„Na ja, wir könnten jetzt doch tatsächlich unsere Schuhe mixen und in Rot-Grün und Grün-Rot auflaufen. Wir haben doch die gleiche Schuhgröße."

„Mmmh …", überlegt Niklas kurz, „… das probieren wir gleich mal aus."

Er findet die Vorstellung wirklich klasse. Irgendwie passt das doch zu zwei Freunden. Und genau genommen hat ja jeder ein grundsätzlich anderes Paar.

„Aber ich will auf jeden Fall den Grünen links", wünscht sich Niklas.

Der linke Fuß ist sein starker Fuß und der soll aussehen wie Raufuß' Fuß.

Der Trainer wiederholt vor den bunten Schaubildern die geplanten Spielzüge für die bevorstehende Begegnung. Die letzten Worte seiner Ansprache betont er noch mal mit vollem Körpereinsatz. Er malt die Pfeile und Kreise mit beiden Händen gleichzeitig in die Luft.

„Wir beginnen mit einer kontrollierten Offensive. Rudi wird vorn bedient von Freddys langen Pässen oder über die Flügel von Demir und Niklas."

Der Trainer zielt mit seinem dicken Schreiber wie mit einem Laserschwert erst auf Rudi, dann nacheinander auf Freddy, Demir und Niklas.

„Bietet euch gegenseitig an, zeigt eure Spielbereitschaft!", spornt der Trainer die Jungs noch mal an. „Das gilt für alle! Dann werden wir dieses Spiel auch für uns entscheiden. Und jeder von euch weiß, worum es geht."

„Das wird heute ein echtes Kampfspiel", sagt Tobias zu Niklas. „Aber mit meinen Kampfschuhen sehe ich da kein Problem."

Er schaut stolz auf seine neuen Schuhe, von denen der linke noch so sauber ist, dass er fast ein bisschen leuchtet.

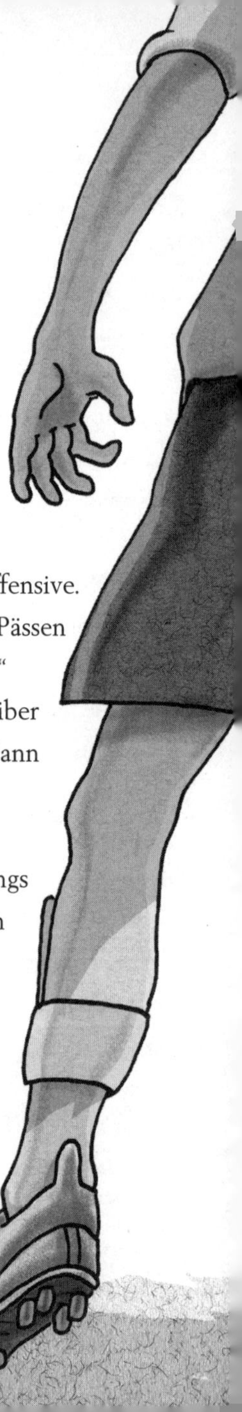

Die Jungs gehen mit ernsten Mienen zum Mittelkreis, wo sich alle Spieler und der Schiedsrichter zur Begrüßung versammeln. Die Mannschaften kennen sich gut. Zweimal schon gingen die anderen als Sieger vom Platz. Das dritte Spiel endete mit einem Unentschieden. Heute kommt es auf jeden Fall zu einer Entscheidung, selbst wenn der Sieger erst nach Verlängerung und Elfmeterschießen feststeht.

Niklas kennt keinen seiner Gegner. Das ist blöd. Das Gute ist: Niemand von den Gegnern kennt ihn. Prompt kommt einer von denen auf ihn zu. „Wo haben sie dich denn hergeholt? Aus der Gartenzwerg-Abteilung? Und farbenblind bist du auch noch?“, lästert er beim Blick auf Niklas’ Schuhe.

Niklas schaut ihn geschockt an.

Aber nur für einen Moment. Dann fällt ihm ein schöner Spruch ein: „Und ihr? Seht ihr aus wie Briefkästen, weil ihr genauso unbeweglich seid?“

Der Gegner schaut verblüfft an seinem gelben Trikot herunter. Noch nie war ihm die Idee gekommen, dass er wie ein Briefkasten aussieht.

„Pass bloß auf, wenn du an mir vorbeikommst!“, droht der Briefkasten.

„Ich schicke dir vorher ’ne Ansichtskarte, damit du es merkst!“, lacht Niklas. „Wo soll ich sie einstecken, in dein großes Maul?“

Peng. Die Reviere sind abgesteckt.

Für Niklas ist klar: Den ersten Zweikampf muss er gewinnen; koste es, was es wolle.

Bevor der Anpfiff ertönt, muss Niklas aber noch etwas Wichtiges klären. Schnell läuft er auf Freddy zu.

„Du hast den Trainer doch gehört, oder?! Wir sollen als Duo spielen. Das bedeutet, wir müssen uns gegenseitig unterstützen. Ich dich und du mich. Ist das bei dir angekommen?“

Freddys Kopfnicken ist fast unsichtbar. Aber Niklas hat es gesehen und ist froh, dass er das noch mal klarstellen konnte.

Sie stehen sich jetzt zur kleinen Ansprache durch den Schiedsrichter gegenüber; elf gegen elf; Grün gegen Gelb; jeweils in einer Reihe.

„Ich erwarte ein faires Spiel!“, redet der Schiedsrichter noch mal allen ins Gewissen.

„Wer sich nicht dran hält, fliegt sofort vom Platz. Einmal

Meckern gibt Verwarnung. Zweimal Meckern Gelb. Dreimal Meckern: runter vom Platz. Verstanden? Ich will keine Zicken und keine Mätzchen. Sondern einen fairen Sportwettkampf. Alles klar? Dann los!“

Während der ganzen Ansprache hat der Briefkasten Niklas in die Augen geschaut. Finster. So wie die Boxer es immer machen. Niklas hat dem Blick standgehalten.

Aber jetzt will er sich ganz auf das Spiel konzentrieren.

Für beide Mannschaften ist dies die bisher wichtigste Begegnung. Noch nie gab es die Aussicht, im großen Stadion zu spielen, und dann auch noch vor einer riesigen Zuschauerkulisse, wie man sie bei einem Freundschaftsspiel der deutschen Nationalmannschaft gegen Italien erwartet!

Raufuß, pass gut auf, ja?, wünscht sich Niklas noch stumm von seinem Glücksbringer.

Im selben Moment sieht er, wie ihm sein Opa zuwinkt. Er steht drüben am Spielfeldrand. Seine große Jackentasche ist heute Raufuß’ Tribünenplatz. Niklas’ Vater ist auch da. Und sogar seine Mutter, die zumindest sehen will, wofür sie ihre Schuhe weggegeben hat. Niklas hat also einen richtigen eigenen Fanblock.

Die Seiten werden mit einer Münze ausgelost. Kopf oder Zahl? Die Gelben entscheiden sich für Kopf! Bleibt Tobias’ Mannschaft die Zahl!

Der Schiedsrichter wirft die Münze in die Luft, gibt ihr mit den Fingern einen Drall, nimmt den Blick nicht mehr von der wirbelnden Münze weg, fängt sie sicher auf, legt sie auf den Handrücken und zeigt sie beiden Kapitänen.

Kopf! Die Gäste gewinnen die Seitenwahl.

Kein Problem!, denkt Tobias, *ihr gewinnt die Seitenwahl, wir gewinnen das Spiel.*

Der Schiedsrichter pfeift an. Endlich!

Gleich zu Beginn überraschen die Gelben die Grünen mit der gleichen Taktik, mit der eigentlich Niklas' Mannschaft beginnen wollte: ein langer Pass in die Tiefe, Direktabnahme mit einem strammen Schuss auf Heikos Tor. Der Ball streift die Querlatte.

„Uhhhh", raunen die Zuschauer. Gar nicht mal so wenig. Bestimmt fünfzig oder sechzig fiebern am Rand mit.

„Puh!", macht auch Niklas. Aber immerhin ist jetzt auch Heiko wach.

Nur ihr Trainer springt schon am Spielfeldrand herum wie Rumpelstilzchen. „Sagt mal, pennt ihr?", brüllt er quer über den Platz. „Wacht mal auf. Abdecken. Auf eure Plätze. Jeder seinen Mann!"

Niklas sieht, wie seine Mutter den Trainer mit seltsamem Blick anschaut.

Was schreit der unsere Kinder so an?, scheint sie zu denken.

Er hofft, dass sie nichts sagt, was ihm später peinlich sein könnte.

Die Gelben treten die Ecke.

Stefan springt hoch, um den Ball abzuwehren. Aber er rutscht ihm über den Scheitel.

Der Ball fällt dem gelben Mittelstürmer direkt vor die Füße. Der ist so überrascht, den Ball zu bekommen, dass er ihn nicht richtig trifft. So kullert der Ball nur Heiko in die

Arme. Aber wenn der richtig getroffen hätte, wäre er drin gewesen. Wieder Glück gehabt. Und sie sind erst in der zweiten Minute.

„MANN, ihr Pennmützen!“, schreit der Trainer. Seine Halsschlagader ist schon dick angeschwollen.

Niklas’ Mutter schüttelt fassungslos den Kopf.

Niklas versucht sich aufs Spiel zu konzentrieren. Er hat das Gefühl, tatsächlich die ersten Minuten verschlafen zu haben. Die Gelben beginnen mit einem Feuerwerk und hätten schon 2:0 führen können, bevor Niklas den Ball auch nur überhaupt ein einziges Mal berührt hat.

Kurz darauf eine brandgefährliche Aktion der Gegner. Tobias hält gerade noch rechtzeitig den roten, linken Fuß drauf, er löscht sozusagen. Als Feuerwehr vor dem Tor hatte Tobias schon immer seine Stärken. Glück gehabt! Kein früher Rückstand durch Tobias’ Rettungsaktion!

Allerdings kassiert Tobias für seine Aktion die Gelbe Karte. Tobias hat nach Ansicht des Schiedsrichters nicht den Ball gespielt, sondern nur das Bein des Gegenspielers getroffen. Tobias schimpft nicht. Eine Gelbe Karte reicht ihm. Nicht noch eine wegen Meckerns. So was können die Dummen der Profis kassieren, aber nicht er. Tobias bleibt cool.

Im Gegensatz zum Trainer. Der rennt am Spielfeldrand auf und ab, rauft sich die Haare, springt herum, brüllt und gestikuliert, als hinge sein Leben davon ab.

Sofort umschalten, Tempo und Druck machen! Das hatte der Trainer immer wieder von den Jungs gefordert. Und endlich, so ganz allmählich klappt alles auch besser.

Auf beiden Seiten gibt es viele Ballkontakte, die Mannschaften suchen fleißig ihre Gelegenheiten. Freddy kommt Niklas sogar weit entgegen.

„Gut, weiter so, Freddy!“, spornt der Trainer ihn lauthals an.

Niklas läuft mit dem Ball direkt auf den Briefkasten zu.

Warte nur, bis du an mir vorbeikommst!

Niklas schlägt einen Haken.

Der schwerfällige Briefkasten streckt sein Bein aus.

Niklas springt drüber weg.

Der Ball läuft vorneweg.

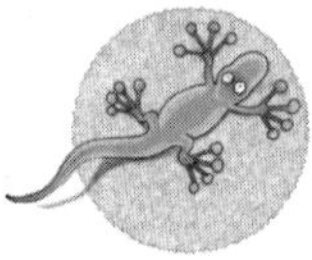

Niklas setzt nach.

Der Briefkasten zieht ihn am Trikot.

Der Schiedsrichter sieht es nicht.

Dadurch sind sie beide wieder auf gleicher Höhe.

Der Briefkasten ist größer, breiter, schwerer. Er drängt Niklas ab.

Den ersten Zweikampf muss ich gewinnen!, erinnert sich Niklas. Koste es, was es wolle.

Der Briefkasten ist mit seiner Fußspitze fast am Ball. Aber eben nur fast. Niklas bekommt seinen Fuß auf den Ball.

Der Briefkasten grätscht.

Niklas zieht den Ball mit der Sohle zurück. Mit seinen alten Schuhen wäre ihm die Pille weggerutscht, aber die neuen Stollen kleben fast am Ball.

Der Briefkasten schlittert am Ball und an Niklas vorbei.

Niklas umkurvt ihn mit dem Ball, hat jetzt freie Bahn, macht Tempo, sieht, wie sich Freddy wieder anbietet und die Laufrichtung anzeigt. Niklas passt wunderbar ungestört direkt in Freddys Lauf, sein Gegenspieler kann die Situation nicht mehr retten. Freddy verlängert direkt auf Rudi, so wie es der Trainer aufgemalt hatte. Fabelhaft! Das Zusammenspiel ist jetzt viel besser als im letzten Spiel. Rudi hat aufgepasst. Er nimmt den Ball mit dem Rücken zum Tor entgegen, dreht sich um und schießt einen Hammerschuss aufs Tor. Ein schöner Schuss. Mitten ins Tor!

Der Schiedsrichter zeigt es an. 1:0!

Er notiert die Spielminute und die Spielernummer. Rudi dreht seinen Rücken zu ihm, damit er seine Nummer gut sehen kann, und jubelt. Er streckt dabei beide angewinkelten Arme im Wechsel nach vorne, das sieht ein bisschen wie „Lokomotive spielen“ aus. Freddy, Niklas und ein paar andere kommen zu ihm und klopfen ihm wild auf die Schulter.

„Gut gemacht, Jungs!“, hören sie den Trainer. Dessen Stimme überschlägt sich fast vor Freude.

Der Torhüter der Gegner schüttelt immer noch heftig den Kopf. Hatte er nichts geahnt oder ihn nicht gesehen? Er hatte sich kaum bewegt, war wohl völlig überrascht.

Der Briefkasten liegt immer noch am Boden und schlägt wütend mit der Faust in den Rasen. Vom Spielfeldrand ist Applaus zu hören. Und zwei schrille Pfiffe! Irgendjemand ist immer unzufrieden. Was gab es an diesem Tor auszusetzen?!

„Hand! Schiri, das war Handspiel“, brüllt jemand von draußen auf den Platz.

Niemand gibt ihm Recht.

Niklas kann seinen kleinen Fanblock klatschen sehen. Opa streckt eine Hand in die Luft und zeigt bei geschlossener

Faust mit einem Daumen nach oben die Eins an. Er zählt die Tore mit seinen Fingern sichtbar mit. Eins!

Die Grünen kommen von Minute zu Minute besser ins Spiel. Mit einem Führungstor im Rücken läuft alles ein bisschen leichter. Auch die Gelben haben große Chancen. Die Torschüsse landen aber ausnahmslos in Heikos sicherer Obhut, er zeigt fantastische Paraden.

Am Spielfeldrand sind diesmal deutlich mehr Zuschauer als sonst: Eltern, Brüder und Schwestern, Opas und Onkel. Ein paar Tanten und Omas sind auch da. Es ist eben ein besonders wichtiges Spiel. Jeder hier weiß, worum es geht. Zum Ende der ersten Halbzeit wird das Spiel für die Zuschauer allerdings zu einer schwierigen Angelegenheit. Das Spiel entwickelt sich eher zu einem Spiel für Wegschauer. Die Jungs werden immer zickiger und verstricken sich in nutzlosen Hakeleien. Der Schiedsrichter nimmt seinen Job jetzt sehr ernst und richtet über jede Kleinigkeit. Er pfeift alles. So entstehen viele Unterbrechungen.

Dann endlich der Halbzeitpfiff. Erleichterung bei den Zuschauern. Erschöpfung bei den Spielern, die mit hochroten Köpfen in die Kabine gehen.

Normalerweise versammeln sich die Mannschaften immer einfach nur am Spielfeldrand zur Pausenbesprechung. Aber dies hier ist eben ein besonderes Spiel. Da dürfen die Jungs wie die Großen in der Halbzeit in die Kabine.

Dort wartet noch eine Überraschung.

Für jeden Spieler steht eine Plastikflasche zu trinken bereit.

„Boah, cool, ey!“, brüllt Freddy und stürzt sich als Erster auf den Getränkekasten. Er zieht sich eine Flasche, öffnet sie und stürzt sich den Inhalt in den Rachen.

Im nächsten Moment hätte er fast alles wieder ausgespuckt. Weil sie aber drinnen sind, beherrscht er sich und schluckt es runter.

Trotzdem schreit er: „Ihhhhgitt, was ist das denn?“

Die anderen, die gerade auch etwas trinken wollten, nehmen schnell ihre Flaschen vom Mund und schauen besorgt zu Freddy.

„Das ist warmer Tee!“, brüllt Freddy angewidert. „Ich dachte, das wäre Spezi oder so!“

„Natürlich ist das warmer Tee“, grinst der Trainer. „Meinst du, ich gebe euch kaltes Zuckerwasser? Womöglich noch mit Kohlensäure, damit ihr gleich mit aufgeblähten Bäuchen über den Platz blubbert?“

Tobias und Stefan lachen. Sie stellen sich das bildlich vor.

„Warmer Früchtetee ist bei eurer Körpertemperatur am gesündesten und löscht am besten den Durst.“

„Äh!“, findet Freddy trotzdem. „Schlimmer als auf Klassenreise.“

„Ja, so spielst du auch“, ist der Trainer nun sofort bei seinem Thema. „Was gurkt ihr euch da eigentlich in den letzten zehn Minuten zurecht? Wollt ihr nicht ins Stadion zum Vorspiel, oder wie?“

Im Nu sind alle todernst.

Widerspruchslos trinken sie den warmen Tee und lauschen den Worten des Trainers.

„Das Tor, okay, das war super, aber wir wollten dranbleiben und weiter Druck machen, oder?“, sagt er vorwurfsvoll. Die Jungs versuchen seinem durchdringenden Blick auszuweichen und schauen Löcher in die Luft. Aber früher oder später trifft sein Blick jeden, wie ein Pfeil auf seinen Bildern mit den Spielanleitungen.

„Ohne Heiko hätten die anderen schon drei Tore! Deine Paraden, Heiko, spitze, aber warum lasst ihr es überhaupt so weit kommen? Wenn ihr keine Lust mehr habt, dann sagt es. Dann gehen wir alle nach Hause und die anderen ins Stadion!“ Niklas versteht nicht, weshalb der Trainer so schimpft. Sie führen doch!

„Dieses Tor bedeutet nichts!“, brüllt der Trainer in die Kabine, als hätte er wieder mal Niklas' Gedanken gelesen. „Wenn wir am Ende verlieren, bedeutet es nichts. Und wir werden verlieren, wenn ihr so weiterschlaft, da im Mittelfeld. Stefan, was ist los mit dir? Freddy, du bist nicht das Sandmännchen. Du sollst den Gegner nicht einschläfern, sondern schwindelig spielen.“

Alle hören still zu, selbst wenn der Trainer etwas Lustiges sagt. Sie versuchen bestmöglich, die Pause zum Trinken und Ausruhen zu nutzen.

„Tobias, pass hinten auf. Dein Einsatz ist gut, aber nicht so ungestüm. Du bist Abwehrspieler und keine Planierraupe. Du riskierst dein zweites Gelb. Übrigens, bedankt euch bei eurem Kapitän: Mit seinem Foul an dem langen Blonden hat Tobias ein sicheres Gegentor verhindert. Der Blonde wäre klar durch gewesen und Heiko hätte keine Chance mehr gehabt.“

Heiko wiegt selbstbewusst den Kopf, während er gerade einen großen Schluck aus seiner Flasche nimmt, als ob er sagen will: *Klar hätte ich den gehabt!* Aber er sagt lieber nichts.

Niklas freut sich, dass der Trainer diesen Einsatz von Tobias so betont. Er schaut zu Tobias rüber und nickt dem Trainer zustimmend zu. Nun hat er ja geschafft, was er wollte. Im Notfall dazwischengehen! Mit seinen neuen Schuhen.

„Jetzt will ich da draußen Fußball sehen. Klar? Das heißt gutes Kombinationsspiel. Nachsetzen. Räume dicht machen."

„Mach mal die Tür zu!", ruft in dem Moment Stefan, weil der Schiedsrichter kurz reingeguckt und die Tür offen gelassen hat.

Es geht weiter.

„Wir spielen vorerst in der gleichen Aufstellung", schließt der Trainer seine Rede.

„Ach nee!"

„So ein Mist."

„Das ist ja blöd, ich will auch mal rein", mosern die drei Ersatzspieler laut.

Jeder hier kann ihre Enttäuschung verstehen. Besonders Niklas. Er hat noch in frischer Erinnerung, wie es war, als er die ersten Spiele nicht mitspielen durfte.

Zurück im Spiel geht Niklas schon in der zweiten Minute nach Wiederanpfiff bei einem Angriff vorn mit in die Mitte. Plötzlich steht er im gegnerischen Strafraum. Regelrecht reingeschlichen hat er sich dort. Niemand hat das mitbekommen.

Schon gar nicht sein direkter Gegenspieler. *Wenn jetzt der Ball zu mir kommt …*, denkt Niklas gerade noch. Da hat er ihn auch schon. Er weiß gar nicht, wo der hergekommen ist. Er denkt auch nicht drüber nach. Sondern hält einfach drauf. Mit seinem linken Grünen. Irgendwie. Mit Pieke erwischt er die Pille nur. Egal. Der Ball geht aufs Tor. Und … ist drin!

Niklas steht da und kann es selbst nicht fassen.

Er glaubt es erst, als er seine halbe Mannschaft schon am Hals hat, die ihm jubelnd gratuliert.

So tolle Jubelposen hat Niklas sich ausgedacht. Zu Hause, auf dem Bett, als keiner zusehen konnte. Mal hat er die Säge gemacht. Mal beide Arme hochgerissen, mal nur einen. Mal ist er gesprungen, mal gehüpft, mal gerutscht. Nur den Klose-Salto hat er sich nicht getraut.

Und jetzt? Hat er kaum mitbekommen, überhaupt ein Tor geschossen zu haben. Und ehe er eine seiner vielen Jubelposen ausprobieren kann, klebt ihm die Mannschaft schon am Körper.

Macht aber auch nichts, findet Niklas. Hauptsache, Tor! Und nun freut er sich auch.

„Es hat geklappt!“, sagt er zu Raufuß, der ihn natürlich aus dieser Ferne unmöglich hören kann. 2:0!

Der gelbe Torhüter schimpft. Er zeigt wütend mit dem Finger auf seine Vorderleute und schimpft weiter.

Der Trainer zeigt ihm seinen gestreckten Daumen.

Opa hält jetzt beide Hände zu Fäusten geballt, mit beiden Daumen nach oben. Zwei!, zählt er fleißig mit.

Trotz des Rückstands kommen die Gegner jetzt besser ins Spiel. Oder gerade deshalb. Wie der Trainer es vorausgesagt hat.

Ein kleiner Schwarzhaariger ackert ungeheuer, er kämpft um jeden Ball und ist plötzlich überall zu sehen.

In der ersten Halbzeit hatte Niklas gar nicht bemerkt, dass der überhaupt mitgespielt hat.

Hatte er auch nicht, wie ihm Freddy zuflüstert.

„Mist, das ist ihr bester Mann. Der hat sich nur verspätet, weil sein Rad einen Platten hatte. Ich wünschte, der wäre gar nicht mehr gekommen."

„Woher weißt du das?", wundert sich Niklas.

„Der wohnt bei uns in der Straße", verrät Freddy. Mehr nicht. Aber Niklas ahnt, woher der Junge den Platten hatte.

Nun rächt er sich. Denn plötzlich steht er vor Heikos Strafraum, schlägt einen Haken nach links, einen nach rechts und zieht ab. Direkt und knallhart! Aber Heiko steht wieder gut … doch der Schuss wird ganz am Ende noch von irgendeiner Schulter abgefälscht, Heiko steht jetzt im falschen Eck, der Ball fliegt in die andere Ecke und zappelt im Netz.

„Mist!", flucht Freddy. „Sag ich doch!"

„Mann!", schreit der Trainer. „Freddy! Das war dein Mann! Was stehst du denn da und quatschst, statt hinterherzulaufen?"

Heiko kann es noch nicht fassen.
„Ohne Abpraller hätte ich den gehabt!"

„Das war aber ein Abpraller", kommentiert Tobias trocken.

Heiko schaut den liegengebliebenen Ball noch mal von allen Seiten an und nimmt ihn ganz fest in seine Arme.

„Los, beeil dich, sonst gibt's Gelb wegen Spielverzögerung", blökt ihn ein Gelber an.

„Jungs, jetzt konzentriert euch!", ruft der Trainer. „Dicht machen! Und dann weiter nach vorn!" Der Trainer schaut auf seine Uhr. „Noch acht Minuten!"

Die Gegner versuchen weiter direkt zu spielen, Passspiel mit nur einer Berührung. Sie starten noch mal richtig durch. Ganz im Gegensatz zu Niklas' Mannschaft. Die steht da, als hätte jemand jeden einzelnen Spieler an den Boden festgeklebt.

„BEWEGUNG!", brüllt deshalb der Trainer auch mit hochrotem Kopf.

Mist, so geht das nicht!, denkt Niklas. *Acht Minuten sind eine Ewigkeit, da kann noch alles passieren.* Er schaut rüber zu Tobias und schaufelt mit dem Arm nach vorn.

Tobias versteht. Er klatscht aufmunternd in die Hände.

„Los jetzt, noch mal volle Kante!", ruft Tobias.

Sogar Freddy reagiert. „Jetzt machen wir sie alle!", zischt er Niklas zu.

Und tatsächlich. Es hilft. Als wären sie nun von ihren Klebefüßen befreit worden, können alle wieder laufen.

Freddy sprintet quer über den Platz, um dem Schwarzhaarigen den Ball abzunehmen. Er passt zu Stefan. Der gibt direkt nach hinten zu Tobias, der sofort auf Niklas nach vorn spielt. Die Gelben hetzen dem Ball nur noch hinterher. Und ihnen läuft die Zeit weg.

Niklas gibt zu Freddy, der umspielt zwei Gelbe. Der dritte streckt ihn nieder.

Freistoß. Das bringt Zeit.

Nur noch sechs Minuten.

Freddy schießt den Freistoß nicht nach vorn, wie er es sonst macht, sondern dreht sich und passt zurück zu Heiko.

Die Väter der Gelben pfeifen.

Doch Heiko pfeift drauf, kickt den Ball weiter zu Tobias, der zu Demir.

Demir spurtet los. Hinter ihm ist nur noch eine Staubwolke zu sehen. Zwei Gelbe jagen im sandigen Nebel hinterher. Plötzlich tritt Demir auf den Ball und bleibt abrupt stehen. Die Gelben sausen an ihm vorbei wie zwei wilde Stiere.

Gelassen passt Demir zu Freddy, der zu Stefan, der zu Tobias, der wieder zu Heiko.

Das Ganze geht von vorn los, ohne dass ein Gelber auch nur einmal den Ball berührt hätte.

Doch dann, als niemand mehr mit einer besonderen Aktion rechnet, schießt Heiko weit ab, direkt zu Niklas. Zumindest wollte er das. Der Ball schießt aber weit übers Ziel hinaus.

Doch Niklas hetzt hinterher. Rettet den Ball, den alle schon draußen gesehen haben. Mit seinem Einsatz bis zum Schluss steckt er die ganze Mannschaft an. Das gibt sogar Extrabeifall vom Trainer.

Und dann ist es geschafft!

Der Schlusspfiff!

Wirklich geschafft! 2 : 1. Wahnsinn!

Der Trainer rennt auf das Spielfeld. Alle kommen zu ihm, nehmen sich in einem Kreis an die Hand und umringen den Trainer, der jetzt mit seinem in sich verdrehten Notizzettel wie mit einem Stab den Takt angibt. Alle heben die Hände und brüllen gemeinsam: „Hipp, hipp, hurra!“, und noch mal „Hipp, hipp, hurra!“.

Danach laufen alle Grünen Hand in Hand in einer Reihe zu den Zuschauern und verneigen sich, wie wenn sie wirklich gerade ein Konzert gegeben hätten und sich wie Popstars feiern lassen. Die meisten Zuschauer klatschen.

Großvater winkt mit etwas Grünem zu Niklas rüber. Raufuß und er waren heute ein starkes Team.

Der Trainer der Gelben gratuliert dem Trainer, der den Glückwunsch sichtlich stolz entgegennimmt. Sein Plan ist aufgegangen.

Die Grünen haben den Pokal gewonnen und sind im Vorspiel des Freundschaftsspiels zwischen Deutschland und Italien!

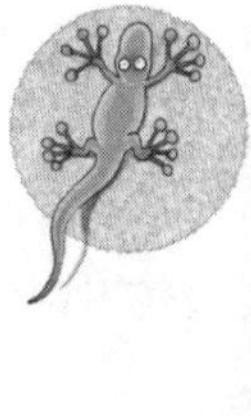

„Für den großen Fußballer“, sagt Niklas’ Mutter und tischt eine Riesenportion von Niklas’ Lieblingsessen auf. Zwei Scheiben Brot, belegt mit Bananenscheiben, und zwei Pfannkuchen mit Apfelkompott. Diesmal steckt in dem Bananenbrot eine Papierfahne mit der Nationalflagge Italiens, im Pfannkuchen steckt die Deutschlandflagge.

Die ganze Familie feiert am Abend Niklas’ Sieg in dem Pokalspiel und das bevorstehende Spiel im Stadion.

Opa hat sich noch auf dem Platz im Vereinshaus ein grünes Trikot von Niklas’ Verein gekauft, das er jetzt trägt. Vergnügt sitzt er auf dem Sofa und schaut zu, wie Niklas sich den Pfannkuchen reinschaufelt. Dazu musste er natürlich erst die Deutschlandfahne herausziehen.

„Die hab ich beim Händler um die Ecke gefunden. Sind die nicht süß?“, fragt seine Mutter.

„Aber woher hast du denn gewusst, dass wir gewinnen?“, wundert sich Niklas.

„Woher ich das wusste? Ich habe es mir einfach ganz fest gewünscht und habe ganz fest an euch geglaubt. Und jetzt ist es ja auch so gekommen. Ihr habt das einfach super gemacht!“

Niklas ist platt. So begeistert hat er seine Mutter noch nie über Fußball reden hören.

Auch Niklas’ Vater ist vom Fußballfieber erfasst.

„Schaut mal. Die habe ich im Keller entdeckt. Letzten

Silvester übrig geblieben. Wenn das nicht passt zu unserem Torschützen!", verkündet er und stellt ein Tischfeuerwerk auf den Tisch. Es hat die Form einer alten Kanone und das Muster eines Fußballs. „Eine echte Torkanone!"

Niklas fragt sich, wieso das Tischfeuerwerk am Silvesterabend übrig geblieben war. Wenn er die Kanone entdeckt hätte, hätte er sie bestimmt sofort angezündet. Irgendwie muss sein Vater sie damals in der Tüte vergessen haben. Aber jetzt ist es natürlich toll, dass sie noch da ist.

Feierlich zündet sein Vater das Tischfeuerwerk an.

Mama geht zwei Schritte zurück, wie immer, wenn die Zündschnur brennt.

Opa und Niklas warten gespannt.

Dann ein lautes Plopp! Und aus der Kanone kommen eine meterlange Papierschlange und zwei kleine Plastikfußbälle quer durchs Wohnzimmer geschossen.

„Hey!", ruft Opa.

„Super!", freut sich Niklas.

„Huch!", erschrickt Mama.

Der eine Fußball landet in der Palme. Der andere in Opas Bierglas und die Papierschlange auf Niklas' Pfannkuchen.

„Volltreffer!", lacht Opa und fischt den Ball aus seinem Bierglas. Mama pult den anderen aus der Blumenerde. „Das war ja der richtige Auftakt für meine Überraschung", sagt sie.

„Überraschung?" Hat Niklas richtig gehört?

„Ja", bestätigt seine Mutter. „Ich habe so fest an euren Sieg geglaubt, dass ich schon ein besonderes Geschenk für dich gekauft habe."

Ein Geschenk für ein gewonnenes Spiel? Das ist ja fast besser als Geburtstag, findet Niklas. Aber was hätte seine Mutter wohl mit dem Geschenk gemacht, wenn sie das Spiel verloren hätten? Bis Weihnachten aufbewahrt? Zum Laden zurückgebracht?

Niklas weiß es nicht. Und in diesem Moment ist es ihm auch egal. Er hat ja nicht verloren. Er hat gewonnen! Und die gelben Briefkästen, die verloren haben, müssen sich jetzt gegenseitig Postkarten mit tröstenden Worten schicken, denkt Niklas zufrieden. Er stellt sich noch mal den Sprücheklopfer vor, der jetzt Briefmarken klebt, lehnt sich gemütlich zurück und genießt, dass er zu den Gewinnern gehört.

Ungeduldig wartet er auf das Gewinner-Geschenk.

Da kehrt seine Mutter schon zurück. Sie versteckt etwas hinter ihrem Rücken und beginnt das blöde Spiel: „Rate mal, was ich verstecke."

„Och nööóh, Mama. Zeig, was es ist. Gewinner müssen nicht erst raten."

Er hofft, dass seine Begründung zieht. Denn auch Geburtstagskinder müssen eigentlich nicht erst raten. Trotzdem beginnt seine Mutter jedes Jahr das Ratespiel. Auch zu Weihnachten.

Heute aber lässt sie sich überzeugen.

„Okay", lenkt sie ein. „Ich verzichte. Hiermit überreiche ich dem erfolgreichen Fußballspieler Niklas Högenbart die Prämie für den Spielgewinn", sagt seine Mutter und streckt Niklas ein großes Frotteehandtuch entgegen, mit drei breiten Streifen in Schwarz, Rot und Gelb!

Die Deutschlandflagge als Badetuch?! Super, das hätte Niklas seiner Mutter wirklich nicht zugetraut. So viel Freude über das gewonnene Spiel und so viel Geschmack beim Auswählen der Gewinn-Prämie!

Sie breitet das Badetuch wie eine Tischdecke auf dem Beistelltisch neben der Vitrine aus. Sie ist sichtlich zufrieden mit ihrer Entscheidung. Mit einem Glitzern in den Augen sagt die leidenschaftliche Dekorateurin: „Das bringt doch gleich ein bisschen frische Farbe ins Zimmer!"

Während Mama noch schwärmt, kommt Niklas eine Idee. Farbe … ins Zimmer … Das ist das Stichwort! Seine Fantasie malt schon wunderbar farbige Möglichkeiten aus … für die Renovierung seines Zimmers.

„Nein, Niklas. Das geht zu weit!“

Seine Mutter ist von Niklas’ Idee ganz und gar nicht angetan.

Auch sein Vater versucht, ihm seinen Wunsch auszureden: „Gut, es muss ja nicht wieder Weiß sein, okay? Such dir eine Farbe aus und damit streichen wir dann dein Zimmer. Aber nur eine Farbe!“

„Mit einer Farbe geht das aber nicht“, beharrt Niklas. „Für meine Idee brauche ich viele Farben.“

Noch immer hat er nicht verraten, was seine Idee ist. Er befürchtet, wenn er damit rausrückt, dann wird alles nur noch schwieriger. So will er erst einmal nur die Farben durchsetzen. Der Rest kommt später.

Doch seine Eltern lassen sich nicht so leicht überreden. Niklas wird schnell klar: Ohne Opas Hilfe hat er keine Chance.

Gern springt Opa für seinen Enkel in die Bresche.

„Aber du dekorierst doch auch gern“, redet er auf Niklas’ Mutter ein. „Jeden Sonntag erfindest du neuen Tischschmuck, zu jeder Jahreszeit gibt es die passenden Tischtuchfarben, sogar das Blumengesteck an eurer Haustür wechselst du Monat für Monat … Warum soll Niklas sein Zimmer nicht so gestalten, wie es ihm gefällt?“

Niklas strahlt. Seinem Opa fällt einfach immer etwas ein.

Niklas’ Mutter zieht schon die Stirn kraus. Das heißt, dass

sie noch lange nicht überzeugt ist. Aber immerhin grübelt sie schon mal. Ein gutes Zeichen.

„Aber der Junge braucht dann doch auch neue passende Vorhänge?“, versucht sie einzuwenden.

„Ach was“, sagt Opa dazu nur und macht eine wegwerfende Handbewegung.

„Das ist doch *sein* Zimmer. Darin muss *er* sich doch wohlfühlen. Ob weiß, schwarz oder kunterbunt. Lasst es ihn doch machen, wie er will.“

Als Antwort kommt genau das, was Niklas sich gedacht hatte.

„Na gut“, sagt seine Mutter. „Wenn du dich schon so für deinen Enkel einsetzt, dann musst du auch mitmachen.“

„Klar“, stimmt Opa zu. „Sobald ihr euer Einverständnis gebt, gehen wir Farbe kaufen und dann helfe ich Niklas, seine Wände zu malen.“

Und so ist es abgemacht. Der Weg ist frei für die große Malaktion mit Opa.

„Ich male erst mal ein Schild“, beschließt Niklas und schreibt auf ein großes Stück Karton:

Zutritt strengstens verboten!
Tee, Apfelsaft, Brötchen und Kuchen
können vor der Tür abgestellt werden.
Klopfzeichen genügt.

Niklas kennt das nämlich schon. Wenn seine Mutter zwischendurch reinkommt, hat sie tausend Verbesserungsvorschläge, und am Schluss ist von seiner Idee nichts mehr übrig. Er klebt das Schild von außen an seine Zimmertür. Und hofft, dass es hilft.

„Okay“, sagt er. „Jetzt können wir loslegen.“

Aber vorher macht Opa mit Niklas erst einmal einen Plan. Das heißt, Niklas sagt seine Wünsche und Opa schreibt oder zeichnet sie auf ein Blatt Papier.

„Die Zimmertür soll aussehen wie der Aufgang aus den Kabinen ins Stadion“, wünscht sich Niklas. „Rundherum malen wir die Tribüne und Tausende Zuschauer.“

Er hat sich alles schon genau überlegt.

„Na, Tausende?“, zweifelt Opa. „Das werden wir wohl nicht schaffen in so einem Zimmer. Aber wir malen viele.“

„Gut“, gibt sich Niklas zufrieden. „Aber ganz viele, ja?“

„Ja“, verspricht Opa.

Obwohl es gar nicht so einfach ist, so viele Zuschauer zu malen. Die Menschen in den hinteren oberen Reihen malen beide nur noch wie viele Kugeln, jedes einzelne Gesicht kann man ja auch in der Wirklichkeit nicht mehr sehen. Irgendwie verschwinden die Gesichter in der Menschenmasse. In den Fanblock malt Niklas in eine der vordersten Reihen einen Mann, der ein rotkariertes Hemd und einen blauen Schal trägt. Mit den graugestrichelten Haaren und der dunklen Brille hat er viel Ähnlichkeit mit Opa.

Neben diesen Mann malt Opa einen Jungen, der mit seinen blonden Haaren und dem weißen Trainingstrikot mit dem roten Zickzack-Blitz Niklas sein muss. Unverwechselbares Kennzeichen: Aus der linken Hosentasche schaut ein tierisches Etwas. Raufuß!

Sogar an die Werbebande denken sie.

Für Niklas ist das gar keine Frage. Er will die Werbung für seinen Lieblingsschokoriegel an die Wand malen.

Aber da hat Opa etwas einzuwenden: „Und wenn nächste Woche ein neuer Schokoriegel auf den Markt kommt, den du lieber magst? Dann stehst du aber dumm da.“

„Hm!“, überlegt Niklas. Da hat sein Opa irgendwie Recht.

Schließlich einigen sie sich einfach auf Werbung für Niklas' Verein: „FC Berne“.

Das kommt gut, findet Niklas, während Opa sich seine bunt gefärbten Hände in einem alten Handtuch abwischt. Danach greift er sich den großen, schweren Eimer mit der weißen Farbe und beginnt, die kleine Flasche mit der dunkelgrünen Farbe darin einzurühren.

Als die Farbe stimmt, probiert Opa sie erst mal vorsichtig an einem Stück Wand hinter dem Bett aus. „So?“, fragt er.

Niklas nickt zufrieden. „Genau so!“

Jetzt nimmt Opa statt eines Pinsels eine dicke Farbrolle und malt großflächig den Fußballrasen an die Wand, dort, wo das Kopfende von Niklas' Bett ist.

Niklas malt inzwischen mit schwarzer Farbe den ersten Pfosten der beiden Tore.

„Wie hoch und breit ist eigentlich so ein Tor?“, fragt er, und er ahnt, dass er die Tore hier in seinem Zimmer bestimmt kleiner malen muss, als sie in Wirklichkeit sind.

„Du meinst, bei den Profis?“ Großvaters Hände sind inzwischen schon genauso grün wie die angefangene Wand. „Ich schätze zwei Meter dreißig hoch und ungefähr sieben Meter breit, das weiß ich auch nicht genau“, antwortet Großvater.

Niklas malt die Querstange fast über die ganze Breite seines Zimmers.

Unvorstellbar, dass Niklas noch heute Morgen gemütlich in diesem Zimmer aufgewacht ist! Jetzt sieht es hier aus wie in einer künstlich aufgebauten Fantasielandschaft. Der Teppichboden ist mit einer riesigen Plastikfolie abgedeckt. So bleibt er grün und hat danach kein neues Muster aus verschiedenen Farbflecken. Die zusammengerückten Möbel in der Mitte des Zimmers sind auch abgedeckt. Niklas' Mutter hatte darauf bestanden, obwohl Niklas und Großvater die Decke gar nicht streichen wollten. Aber jetzt, da die Möbel ohnehin abgedeckt sind, kann man auch Flutlichter an die Decke malen, findet Opa.

Niklas ist begeistert.

„Und jetzt kommen die Netze", kündigt Niklas an und seufzt. Er ahnt, welche Kleinarbeit auf ihn zukommt. „Für die brauche ich einen dünneren Pinsel."

Und Geduld. Sehr viel Geduld.

Großvater hat die Wand ganz grün gemalt und mit Hilfe einer Dachlatte zieht er noch eine weiße Linie, die Spielfeld-Mittellinie. Mit einem Plastikeimer, um den er herummalt, gelingt ihm auch der Mittelkreis.

„25 Linien quer und 45 Linien aufrecht für jedes Netz", zählt Niklas laut. „Weniger geht nicht. Sonst flutscht da ein Ball durch."

Und dann ist es endlich geschafft! Das Zimmer ist fertig gestrichen. Großvater legt seinen Pinsel erleichtert zurück auf den Farbeimer.

Niklas zieht die Folie vom Möbelberg runter. Er knüllt die Plastikfolie schnell zusammen und legt sie mit den Farbeimern und den Pinseln auf eine ausgebreitete Zeitung bei der Tür.

Laute Klopfzeichen!

„Tee und Kuchen?“, fragt Niklas durch die geschlossene Tür.

„Ja, steht schon bereit“, sagt seine Mutter auf der anderen Seite. Und fügt natürlich sofort an: „Darf ich schon mal gucken?“

„Nein!“, ruft Niklas. Aber er freut sich. Sein Schild funktioniert!

Vorsichtig öffnet er die Tür einen kleinen Spalt und vergewissert sich, dass wirklich niemand reinschauen kann.

Schnell holt er das Tablett ins Zimmer. Das ist gar nicht so einfach. Denn es ist übervoll mit dem Teebecher für Opa, dem Glas Apfelsaft für ihn, einer bunten Mischung aus belegten halben Brötchen und vielen süßen Sachen.

„Super! Die Bestellung ist angekommen!“, freut sich Niklas.

Niklas schiebt seinem Großvater den Stuhl entgegen. Opa setzt sich und sieht sehr zufrieden aus.

„Die Farbe muss noch etwas trocknen, bevor wir die Regale zurückstellen können. Da passt die Pause doch gerade wunderbar“, sagt er. Zum Glück kann Mutter die beiden jetzt nicht sehen, wie sie mit kunterbunten Farbfingern das Glas und den Becher anfassen.

Die Brötchen schmecken köstlich. Erst nachdem alle aufgegessen sind, rücken sie mit vereinten Kräften die Möbel wieder an ihren Platz.

Dann ist der große Moment endlich da! Niklas stellt seinen Eltern das neue Zimmer vor.

„Seid ihr bereit?“, ruft er durch die geschlossene Tür hinaus.

Draußen warten seine Eltern gespannt und rufen ungeduldig: „Jaaaa!“

Niklas öffnet die Tür, aber erst nur ein bisschen. Nur seine Nasenspitze schaut heraus.

„Achtung!“, sagt er. Dann endlich öffnet er sie ganz und sagt mit ausgebreiteten Armen und einer Verbeugung: „Hiermit präsentiere ich das neue Zimmer und gebe seine Eröffnung bekannt!“

Seine Mutter hält beide Hände vor den Mund, schüttelt den Kopf und schaut sich mit weit geöffneten Augen um. Sie starrt die Wände an.

Sein Zimmer ist jetzt genau so, wie er es sich schon lange gewünscht hatte. Sein ganzes Zimmer ein Fußballstadion!

Auf der einen Seite steht sein Bücherregal sozusagen im Tor.

Vater steht schon in Torhütermanier davor und fragt: „Wer führt den Elfmeter aus?“

Mutter ist immer noch ziemlich wortkarg.

Der Schrank hat gerade noch neben dem rechten Pfosten Platz. Im Tor gegenüber steht sein Schreibtisch. Seine große Kiste steht vor der Zuschauertribüne, neben dem Werbebanner.

Mutter setzt sich auf die Kiste und starrt immer noch.

„Unglaublich!“, haucht sie.

Der grasgrüne Teppich, den seine Eltern damals ausgesucht hatten, passt jetzt wunderbar.

Ein Riesenposter der deutschen Nationalmannschaft hängt am Kopfende seines Bettes, also über ihm direkt im Spielfeld.

Niklas' Vater schaut darauf jeden Spieler genau an und sagt mit Bedauern in der Stimme: „Schade, Niklas, wirklich schade. Das wird leider nichts mit den Karten für Basel. Ich habe heute Bescheid bekommen. Aber wir werden uns die Live-Übertragung hier in deinem Fußballstadion anschauen, okay?“

„Bist du dann auch dabei, Opa?“, fragt Niklas.

„Klar, und meine Trillerpfeife bring ich auch mit“, antwortet er.

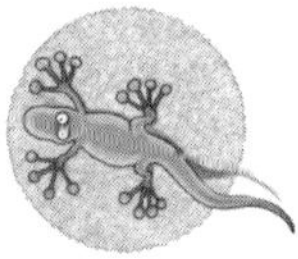

Niemand hat ein schöneres Zimmer!

Und niemand hat einen tolleren Opa, findet Niklas.

VORBEREITUNGEN

Beim nächsten Training ist Niklas der Erste. Geduldig wartet er vor dem Eingang zu den Umkleidekabinen, als er einen Mann sieht, der vom Trainingsplatz aus auf ihn zukommt. Im Vorbeigehen fotografiert er in aller Ruhe den Nebeneingang des Vereinshauses. Dann kniet er auf dem Boden und fotografiert auch das Schild mit dem Vereinslogo drauf.

Was will der Mann hier? Niklas hat ihn noch nie gesehen. Zum Verein gehört der jedenfalls bestimmt nicht.

In diesem Moment kommt Stefan mit seinem Fahrrad um die Ecke und der Trainer fährt auf den Parkplatz vor dem Vereinshaus ein.

Der Mann läuft an Niklas vorbei und steuert direkt auf den Trainer zu.

„Bestimmt ein Typ vom Käseblatt“, sagt Stefan.

„Aber was will der denn hier bei uns?“, fragt Niklas verwundert.

Während der Mann und der Trainer auf den Eingang zukommen, können Niklas und Stefan nur Satzfetzen verstehen.

„... interessante Entwicklung ... im Stadtteil ... Interview, mit der Spielernummer 9?“ Die beiden sind jetzt in Hörweite und kommen näher.

„Ja, der ist heute da“, sagt der Trainer. „Fragen Sie Niklas doch am besten gleich selbst, ob er zu einem Interview bereit ist. Gut, dass du schon da bist, Niklas, der Herr hier will dir ein paar Fragen stellen.“

Niklas schaut wie versteinert und sagt: „Fragen? Mir?“

Der Mann mit der Kamera ist ihm irgendwie nicht ganz geheuer. Kommt einfach hierher, fotografiert alles und jetzt will er auch noch Fragen stellen.

„Ich bin Ronny vom Stadtanzeiger“, sagt er und reicht Niklas die Hand.

Wie Stefan gesagt hat: Der Mann ist vom Käseblatt.

„Du bist also der Niklas?“, fragt er.

Erste Frage! Dumme Frage!, denkt Niklas. Der Trainer hatte ihn doch gerade vorgestellt.

„Ich bin Stefan!“, sagt Stefan und reicht dem Ronny auch die Hand.

Verdutzt schlägt Ronny ein. Aber es ist offensichtlich. Er will mit Niklas sprechen.

Er mustert Niklas von oben bis unten.

Niklas spürt, wie sein Kopf rot anläuft. Was will der Mann denn nur von ihm?

„Mein Chef hat dich in eurem Pokalspiel gesehen und gesagt: Von dem brauchen wir ein Statement zum Spiel, der wird unser nächster Aufmacher für die Spona.“

Niklas steht wie festgewachsen und rührt sich nicht. Er versteht nur Steyt-ment und Spona. Für ihn klingt das wie Chinesisch. Vielleicht ist es auch Klingonisch. Zumindest sieht Ronny vom Stadtanzeiger eher aus wie ein Klingone aus Enterprise als wie ein Chinese.

Ronny aber fährt unbeirrt fort:

„Was sagst du dazu? Ein echtes Interview mit dir in den ‚Sportnachrichten des Stadtteils'. Ist das nicht sensationell?"

„Wieso?", fragt Niklas.

„Wieso?", wiederholt Ronny verblüfft. „Was heißt wieso?"

„Ja, genau! Wieso denn ein Interview mit Niklas?"

Freddy ist angekommen und hat die letzten Worte von Ronny mitbekommen.

„Ich war doch der wahre Künstler auf dem Platz!"

„Du?", wundert sich Ronny. „Davon hat mein Chef aber nichts gesagt. Tut mir leid, ich soll den Spieler mit der Nummer 9 interviewen. Oder hast du etwa auch die 9?"

„Nee", antwortet Freddy. „Ich hab die 10. Was denn sonst?"

„Na also", sagt Ronny. „10 ist nicht 9. Und ich soll die 9 interviewen. Klar?"

Ronny klingt jetzt schon etwas schnippisch. Irgendwie hatte er sich die Sache wohl einfacher vorgestellt.

Inzwischen sind auch die anderen eingetrudelt.

„Also was nun?", fragt Ronny, abwechselnd mit Blick auf den Trainer und die Meute, die sich nun um ihn herum versammelt hat.

„Ey, kommen wir in die Zeitung?", fragt Heiko.

„Ich auch?", fragt Tobias.

„Nee, nur Niklas!", antwortet Freddy sauer.

„Wieso denn?", will Demir wissen.

Ronny steht ganz unglücklich da und weiß nicht so recht weiter.

Endlich ergreift der Trainer die Initiative. Er klatscht laut in die Hände.

„Also, Jungs! Ihr habt es gehört. Ihr zieht euch jetzt um, damit wir pünktlich anfangen können. Und du, Niklas, kommst einfach nach, ja?“

„Aber … ich …“, will Niklas einwenden. Vergeblich. Der Trainer ist schon verschwunden. Niklas wäre am liebsten auch direkt mit den anderen in die Kabine gegangen. Stattdessen steht er jetzt mit dem komischen Ronny vom Stadtanzeiger hier rum.

„Freust du dich über euren Sieg?“, fragt Ronny.

„Hä?“, macht Niklas. Was war das denn für eine Frage? Ob es irgendwo auf der Welt einen Fußballer gibt, der sich über einen Sieg ärgert?

Er steht immer noch wortlos da.

„Möchtest du lieber, dass wir zusammen zum Eismann gehen und dort alles besprechen?“

Eismann?, fragt sich Niklas. Wieso denn Eismann? Er will trainieren. Mit den anderen. Und nicht hier herumstehen. Und schon gar nicht zum Eismann. Und erst recht nicht vorm Training Eis essen und später Magenschmerzen bekommen.

Während Niklas noch überlegt, was er antworten soll, macht der Mann klickklickklick Fotos von ihm.

„Lach doch mal, oder freust du dich gar nicht?“, fragt er.

„Ich will nicht, dass Sie mich alleine fotografieren. Das ist ungerecht! Wir haben alle zusammen gewonnen, dann können Sie uns auch alle zusammen fotografieren!“ Niklas geht mit stampfendem Schritt in die Kabine.

„Moment mal, Niklas, was hast du denn?“, ruft ihm Ronny verblüfft hinterher.

„Alle oder keiner!“, fordert Niklas.

„Okay!“, seufzt Ronny. „Dann hol die anderen her.“

Niklas strahlt. Und hofft, dass er sich beim Gruppenfoto gut hinter den anderen verstecken kann. Zum Beispiel hinter Freddy. Der drängt sich bestimmt nach vorne.

Niklas rennt in die Kabine und ruft die anderen.

Die sind sofort begeistert.

Vor allem Freddy.

„Warte!“, ruft er. „Dann zieh ich schnell mein anderes Trikot an!“

„Dein Trikot ist schön genug“, sagt der Trainer und dirigiert, wie die Mannschaft sich aufstellen soll.

„Unser Hausmeister muss auch auf das Bild!“, ruft Tobias.

„Der Hausmeister?“, fragt Ronny. „Wieso das denn?“

„Wieso nicht?“, fragt Tobias zurück.

„Jetzt macht mal keinen Blödsinn und stellt euch auf“, fordert der Trainer. „Die Kleinen nach vorn. Die Großen nach hinten. Niklas, du hierhin.“

Er zeigt Niklas den Platz ganz links, direkt daneben, wo gleich der Trainer stehen wird.

Voll im Bild. Nix mit Verstecken.

„Wieso denn dahin?“, fragt Niklas.

„Jetzt kann ich es euch ja auch verraten“, sagt der Trainer. „Ich habe mich schon direkt nach dem Pokalspiel entschieden. Niklas soll beim nächsten Spiel die Kapitänsbinde tragen. Deinen Einsatz für die Mannschaft und deine Konzentration bis zum Schluss brauchen wir auch für das Spiel im Stadion.“

Niklas der Mannschaftskapitän? Was ist denn heute nur los hier? Der eine will Fotos von ihm und ein Interview, der andere will ihn zum Kapitän machen?

„Hat jemand etwas gegen meine Entscheidung einzuwenden?“, fragt der Trainer in die Runde.

Freddy mault von hinten. „Siehst du, Tobias, jetzt bist du sie auch wieder los.“

„Wo ist das Problem?“, antwortet Tobias. „Ich klebe nicht an der Kapitänsbinde und meinem Freund gebe ich sie doch besonders gern weiter.“

Er zwinkert Niklas zu und findet selbst, dass er sie auch mal haben soll. „Hauptsache, wir zeigen auch im Vorspiel des Länderspiels Teamgeist und Tore.“

Da sind sie wieder! Die zwei Zauberworte des Trainers.

Am nächsten Tag ist Niklas tatsächlich in der Zeitung. Mit allen anderen zusammen natürlich. Aber Großvater hat nur Augen für seinen Enkel. Er hält Niklas die aufgeschlagene Seite unter die Augen. Niklas macht sich auf das Schlimmste gefasst. Und so kommt es auch.

„Unsere kleinen Helden“, steht als Schlagzeile über dem Artikel.

Wieso klein?, fragt sich Niklas. Und wieso Helden? Sie haben doch einfach nur ein wichtiges Spiel gewonnen.

Auf dem Gruppenfoto geht einiges durcheinander. In der vorderen Reihe sitzen die Jungs in Hockstellung, wie bei den bekannten Mannschaftsaufstellungen. Nur Freddy macht sich in der Mitte so lang, dass er fast schon aufrecht steht. Dahinter steht in zweiter Reihe, wie bei den Profis, die zweite Hälfte der Mannschaft. Hinter Freddys Sturmfrisur, das Ergebnis aus einer Tube Gel, verschwindet Tobias fast. Von seinem Kopf sieht man nur das linke Ohr und ein paar Haarsträhnen. Links am Rand steht überragend der Trainer, daneben Niklas, der gerade zur Seite guckt und die Augen geschlossen hat, als ob er schläft. Dabei hatte er nur einmal kurz gezwinkert.

Auch Herr Winde, der Hausmeister, ist mit drauf. Die Jungs hatten den Trainer dazu überreden können. Denn ohne den geht im Vereinshaus und auf dem Platz gar nichts. Allerdings bohrt er sich auf dem Foto gerade im Ohr.

Rechts am Rand haben sie noch ein Foto eingeklinkt. Auf dem Bild ist nur der Kopf von Niklas zu sehen. Daneben steht: „Niklas, die Nummer neun, verteidigte den Sieg mitreißend bis zur letzten Spiel-Sekunde."

„Das schneiden wir aus und kleben es in dein neues Fußballstadionzimmer. Was meinst du?", fragt Großvater.

Keine schlechte Idee, findet Niklas. Wenn er so drüber nachdenkt: Vor kurzem war er noch Ersatzspieler und jetzt ist er nicht nur Stammspieler, sondern sogar Mannschaftskapitän und schon in der Zeitung erwähnt. Und außerdem hat er

dafür gesorgt, dass sie alle mit aufs Bild kamen. Wie so ein echter Mannschaftskapitän. Das kann er sich ruhig an die Wand kleben. Während Opa eine Schere sucht, kommt Niklas' Mutter ins Wohnzimmer.

„Was zieht man denn da so an? Welche Schuhe passen dazu? Kann ich mein rotes Kostüm anziehen oder soll ich besser das kurze schwarze anziehen?"

Fünf Kleider hat sie über den Armen hängen und hält sie in die Höhe.

Opa und Niklas verstehen gar nicht, wovon sie spricht.

„Der feierliche Anlass ist doch schließlich gegeben", erklärt Mutter. „Und wenn Opa dann sein rotes Karohemd anzieht, dann passen wir doch sogar farblich zusammen."

„Mein rotes Karohemd ist in der Wäsche", widerspricht Opa.

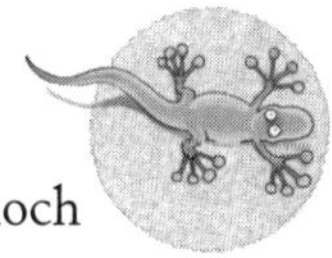

Mutter schüttelt den Kopf.

„Na, bis zum Wochenende kannst du es ja wohl noch waschen", findet sie.

Endlich wissen Opa und Niklas, wovon sie spricht.

Aber da ist Mutter schon wieder ins Schlafzimmer zum Kleiderschrank abgedreht.

Schranktüren gehen auf. Schubladen gehen zu. Schranktüren gehen zu. Schubladen gehen auf. „Meine grüne Tasche passt doch auch zu dem roten Kostüm, oder? Kennt denn schon jemand die Wettervorhersagen?", ruft sie laut durch die ganze Wohnung.

Niklas kann es nicht fassen, als er ins Schlafzimmer schaut. Das Bett, die Kommode, der halbe Boden ist bedeckt mit

Klamotten. Rote, grüne, blaue, gestreifte, schwarze Kleider, Hosen, Blusen. Überall Klamotten.

Opa steht hinter Niklas und staunt ebenso.

„Das ist kein Theaterabend“, klärt er Niklas’ Mutter auf. „Das ist ein Fußballspiel.“

Mutter schaut Opa entsetzt an.

„Jetzt sag nicht, ich soll einen Deutschland-Schal umbinden und eine Baseballkappe in Vereinsfarben aufsetzen!“

Opa grinst. „Das wär doch mal was!“

„Wasch du lieber dein Karohemd“, zischt sie Opa an.

Opa und Niklas drehen schmunzelnd ab, um den Zeitungsausschnitt in Niklas’ Zimmer zu kleben. Mutter bereitet sich eben auf ihre Weise auf das Spiel vor. Und weil alle Familienmitglieder und Freunde der spielenden Jungs eine Freikarte bekommen, werden alle da sein. Großvater, Großmutter, Papa, Mama und sogar der Nachbar von gegenüber. Na ja, und Raufuß hat wieder seinen kostenlosen gemütlichen Logenplatz bei Großvater in der Jackentasche. Niklas wird diesmal also wieder einen richtigen kleinen Fanblock haben.

Niklas denkt auch über das Spiel nach. Er hat so viele Fragen.

Die Spieler des Vorspiels dürfen die Nationalspieler im Hauptspiel aufs Feld begleiten. Er Hand in Hand mit Michael Ballack, dem Kapitän der deutschen Nationalmannschaft!

Aber ab wann soll er Ballack an die Hand nehmen? Ab der Umkleidekabine? Muss er dort auf ihn warten? Oder treffen sie sich in den Katakomben?

Aber Ballack kennt ihn doch gar nicht. Muss er sich durch die deutsche Nationalmannschaft drängeln und rufen: „Hallo, Herr Ballack! Hier bin ich! Sie müssen *mich* an die Hand nehmen!“? Überhaupt: Wie soll er ihn ansprechen? Mit: „Guten Tag, Herr Ballack“? Oder darf er sagen: „Hallo, Michael“? Oder werden sie sich gar nicht ansprechen?

Wer kann ihm darauf antworten?

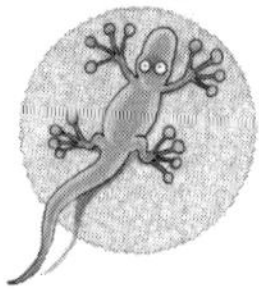

Die Umkleidekabinen sehen aus wie moderne Raumschiffe. Alles neu, alles gepflegt, alles richtig sauber. In allen vier Ecken hängt ein Fernsehmonitor. Die Umkleidekabine hat tatsächlich einen Extra-Nebenraum mit einem Abwärm-Pool.

Massagebänke und in jedem Spind ein Safe gehören wohl zur ganz normalen Ausstattung.

Heute ist jeder irgendwie anders drauf. Niklas ist fast stumm, aber er weiß, dass das seine Aufregung ist. Ein bisschen so wie beim Trainer. Niklas bekommt dann, wie er, fast kein Wort raus. Heiko, der Torwart, ist da gerade anders. Wenn er aufgeregt ist, redet er ohne Punkt und Komma. Also pausenlos und immer wieder das Gleiche.

„Meinst du wirklich, dass die größer sind? Aber das habe ich doch noch nie trainiert?“ Heiko ist wirklich verzweifelt und schüttelt nervös den Kopf. Er wiederholt: „Stimmt das, dass die Tore hier größer sind als auf unserem Platz?“

Niklas überlegt. Er weiß nicht, wie viel größer sie sind. Aber er weiß, dass die Jugendversion der Tore hier etwas größer ist als auf ihrem Trainingsplatz. Auch das hier für das Jugendspiel frischgemalte Spielfeld ist etwas größer. Zum Glück nicht so riesig wie das Spielfeld der Profis. Um da von einem Tor zum anderen zu kommen, braucht es allein schon viel Kraft. Und die Tore der Profis! Über sieben Meter breit und über 2 Meter 40 hoch! Für Heiko wirklich erschreckend groß.

Niklas nickt nur und bedauert, dass er Heiko keine bessere Antwort geben kann. Reden ist jetzt ja sowieso nicht seine Sache. Und schon ist Heiko, die aufgeregte Nudel, bei Stefan und fragt ihn das Gleiche. „Stimmt das? Sind die hier wirklich größer?“

Niklas denkt schon mal über Ballack nach. Wer sagt überhaupt, dass ausgerechnet er ihn ins Stadion begleiten darf? Kapitän begleitet Kapitän? Niklas weiß leider immer noch nicht, wie das läuft. Der Trainer hätte den Jungs doch längst sagen können, wie das gleich alles abläuft.

„Aber das ist bei unseren Gegnern genauso“, versucht Rudi Heiko zu beruhigen. „Dann werden wir bei denen vorne ja auch mehr Lücken haben und mehr Chancen für Tore bekommen.“

„Du willst also sagen, dass unsere Tore einfach nur riesige Schießbuden sind?“ Heiko hört einfach nicht auf.

Endlich kommt der Trainer mit seinem Koffer voller Trikots in die Kabine. Wie immer stellt er den Koffer in die Mitte der Garderobe, damit jeder Spieler sein Trikot mit der passenden Nummer raussuchen kann.

„Jetzt hört mir noch mal gut zu, Jungs. Hier ist heute einiges anders als sonst. Die Zuschauerkulisse ist wahnsinnig, der Lärm ist riesig, das Spielfeld ist größer, die Tore auch. Zum Glück müssen sich auch unsere Gegner auf diese Bedingungen umstellen. Wir spielen auf jeden Fall fair und freundschaftlich. Und zwei Sachen sind immer wichtig. Bei jedem Spiel, an jedem Ort und vor jeder Kulisse …“

Die Jungs wissen schon genau, was ihr Trainer jetzt hören

will, und sie rufen etwas lauter als sonst im Chor: „Teamgeist und Tore!“

„Gleich ist es so weit! Seid ihr alle fertig? Ihr habt draußen noch zehn Minuten, um euch warm zu spielen. Auf ein Zeichen von den Schiedsrichtern versammelt ihr euch am Mittelkreis. Niklas, du überreichst dann dem Kapitän der Gegner unser Gastgebergeschenk.“

Ein Geschenk für die Gegner? Bisher haben die Vereine einfach einen Wimpel mit ihrem Vereinslogo getauscht. Hier ist wirklich alles anders.

„Der Vereinsvorstand hat beschlossen, die Jungs allesamt zu unserem großen Vereinsjubiläum im Herbst einzuladen. Sie werden für drei Tage in Gastfamilien wohnen. Wie auch immer diese Begegnung ausgeht, eine Revanche im Herbst ist auf jeden Fall geplant. Alles klar?“

„Jaaa!“, kommt es ihm schallend entgegen.

Beim Rausgehen klopft der Trainer jedem Spieler noch mal auf die Schulter und sagt: „Viel Spaß. Konzentriert euch! Denkt an eure Stärken! Spielt als geschlossene Mannschaft! Draußen auf den Rängen drücken euch heute viele die Daumen.“

Hat Raufuß auch einen Daumen? Oder wie werden die Zehen von Geckos eigentlich genannt?

Kaum steht Niklas in dem größten Stadion, das es weit und breit gibt, mitten auf dem Platz, möchte er am liebsten sofort wieder weg. Am besten zurück in die schöne, komfortable, vor allem aber stille Kabine.

Was für ein Lärm! Wie halten das die Profis nur jede Woche aus?

Dabei sind die Sitzreihen jetzt beim Vorspiel noch nicht einmal zur Hälfte gefüllt. Immer neue Menschenmassen drängen sich durch die Gänge hinein ins Stadion und suchen sich – beladen mit Würstchen und Getränken – ihre Sitzplätze. Auf ein Würstchen hätte Niklas jetzt auch Appetit. Oder auf einen seiner Lieblingspfannkuchen. Daheim in seiner Badewanne mit all seinen Figuren.

Tausende Fans mit Deutschlandfahnen in jeder erdenklichen Größe proben schon mal ihre Rufe und Fangesänge. Da wollen die Italiener nicht hintenanstehen und antworten mit ihren Gesängen. Die klingen zwar viel schöner, wie Niklas zugeben muss, sind aber genauso laut. Überhaupt scheinen genauso viele Italiener im Stadion zu sein wie Deutsche. Ob in der Stadt überhaupt noch irgendeine Pizzeria oder ein Eiscafé geöffnet hat oder ob die alle hier sind?

Aus den Lautsprechern wird der Beginn des Vorspiels angekündigt. So laut, dass Niklas beinahe die Ohren wegfliegen. Ein einziges Getöse. Wie soll man bei dem Krach überhaupt die Schiedsrichterpfeife hören?

Unwillkürlich will Niklas sich die Ohren zuhalten. Aber im letzten Moment kann er den Impuls unterdrücken. Er hat noch keinen Profi gesehen, der mit den Händen an den Ohren das Spielfeld betritt. Also lässt er diesen fast unerträglichen Lärm über sich ergehen.

Auf dem riesigen Profifeld stehen die beiden Tore im Jugendformat. Hier wirken sie winzig. Aber Heiko erfasst die Situation mit dem ersten Blick. Vor lauter Ehrfurcht sagt er mit eingezogenem Kopf: „Doch größer, viel größer. Oje, oje, oje …“

„Was? Was hast du gesagt?!“, brüllt Niklas.

Heiko zeigt nur mit jeder Hand auf eins der beiden Tore, nickt mit dem Kopf und schaut Richtung Himmel.

Niklas versteht. Er geht jetzt direkt neben ihm und braucht nicht mehr gegen die Zuschauerkulisse anzubrüllen.

„Keine Angst, das schaffst du schon“, versucht ihm Niklas Mut zu machen.

„Du kannst mich ja gleich schon mal warm schießen“, schlägt Heiko vor.

Während die Jungs sich warm spielen, unterhält ein Mann mit Mikrofon exakt vom Spielfeld-Mittelpunkt aus das Publikum.

„Wir freuen uns, im Vorspiel des Länderspiels Deutschland – Italien die D-Jugendmannschaften des FC Berne hier aus Hamburg und ihres italienischen Gastes von Juventus Bologna begrüßen zu dürfen. Mit diesem Spiel beginnt gleichzeitig eine Vereinspartnerschaft, die auf Initiative des FC Berne, der in diesem Jahr sein 100-jähriges Bestehen feiert, zustande gekommen ist. Besonderer Applaus bitte für diese besondere Städte- und Sportlerfreundschaft."

Niklas weiß nicht, wie viele Menschen schon im Stadion sind. Es sind Tausende. Und sie alle klatschen. Nicht übermäßig, sondern eher ruhig. Im Fernsehen würde man das gar nicht hören. Aber hier, im Stadionkessel, ist es, als ob zehn Flugzeuge um einen herum starten.

Wieder muss Niklas sich sehr zusammenreißen, sich nicht die Ohren zuzuhalten.

„Zweimal 15 Minuten werden wir ihrem Spiel folgen. Wir begrüßen Heiko Fredel, Freddy Faltin, Demir Özgür, Tobias Bolten, Niklas Högenbart …" Der Mann liest alle Namen der aufgestellen Jungs vor. „… Filippo Maldini und Antonio Pirolli. Bitte begrüßen Sie die Mannschaften mit Ihrem Applaus."

Niklas zuckt sofort zusammen. Da dröhnt der Applaus schon wieder los.

„Wer kann mich mal zwicken, damit ich weiß, dass ich nicht träume?", fragt Tobias.

Genau das hat Niklas auch gerade gedacht.

Das ist hier alles gar nicht wahr, das ist ein Traum, das ist ein echtes Märchen.

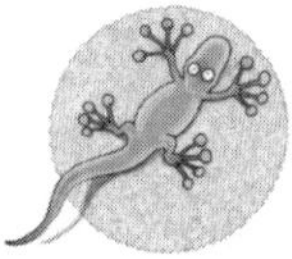

Niklas kneift Tobias am Oberarm.

„Aua!"

„Glaubst du es jetzt?", fragt Niklas, klopft ihm auf die Schulter und schießt einmal zur Probe auf Heikos Tor.

Der Schuss landet ungehindert im Netz. Heiko hatte ihn noch nicht mal gesehen. Stattdessen starrt er immer noch wie

betäubt die Tribünen im Stadion an. Von hier unten sieht alles ganz anders aus.

Irgendwo in der Ferne in der großen Menschenmasse steht Niklas' Fanblock. Von hier unten kann man kein einziges Gesicht in den Rängen erkennen. Von hier unten sind die Gesichter namenlos. Aber irgendwo da oben bibbern Großvater, Raufuß, Großmutter, Mama, Papa und der Nachbar mit. Niklas weiß nicht, wo sie stecken, aber er weiß: Sie werden jeden seiner Schritte verfolgen.

Der Schiedsrichter und seine beiden Assistenten gehen zum Mittelpunkt und holen mit Handzeichen alle Feldspieler zu sich.

Jetzt geht's los.

Die Gastgeber und die Gäste stehen wie gewohnt in einer Reihe einander gegenüber. Der Schiedsrichter und seine Assistenten begrüßen jeden Spieler mit Handschlag. *Wow, wirklich alles wie bei den Profis,* denkt Niklas. Er hat das große Kuvert mit der Einladung des Vereins zum Jubiläumsfest noch in den Händen. Ob er es jetzt übergeben soll?

„Schiri, hier ist noch was für unsere Gäste", sagt er und wedelt mit dem großen Umschlag.

Der Schiedsrichter schmunzelt und fragt, ob die Gäste auch ein Geschenk übergeben wollen. Da entdeckt Niklas endlich den Kapitän der gegnerischen Mannschaft. Der Kleinste von allen und wohl auch der Dünnste. Die Kapitänsbinde wirkt an seinem dünnen Arm wie ein Schal um eine Stecknadel.

„Ich bin Niklas, ich soll euch das von unserem Vorstand

geben. Wir hoffen, dass ihr alle im Herbst dabei seid, wenn unser Verein so alt wird, wie mein Urgroßvater wäre, wenn er nicht schon seit 18 Jahren tot wäre.“

Er hält dem Jungen das Kuvert zusammen mit dem Wimpel entgegen.

Der schaut verständnislos und nimmt den Wimpel und das Kuvert. Er versteht nur ein paar deutsche Worte.

„Tot?“, fragt er.

„Ja, mein Urgroßvater“, erklärt Niklas. „Der ist nämlich im gleichen Jahr geboren, in dem der FC Berne gegründet wurde. 1908.“

„Kannst du das nachher klären?“, unterbricht ihn der Schiedsrichter grinsend.

„Nicht tot“, sagt der Italiener und reicht Niklas seinen Wimpel.

Niklas nimmt ihn schnell entgegen.

„Ich bin Marco. Mein großer Vater lebt.“

Jetzt muss Niklas grinsen. Wen meinte Marco wohl? Seinen Großvater, seinen Urgroßvater oder einfach nur seinen Vater, der sehr groß ist?

Und dann folgt auch schon der Anpfiff.

Niklas wundert sich, dass er ihn doch gehört hat.

Tatsächlich dröhnen jetzt auch einige Tuten, Tröten und Sirenen von den Zuschauerrängen. Sind wirklich sie gemeint? Die beiden D-Jugendmannschaften?

Niklas kann sich das gar nicht vorstellen.

Er bleibt stehen, um zu sehen, wen die Zuschauer mit ihrem Getröte und Rufen meinen könnten.

Und peng!

Da knallt ihm schon der Ball vor den Kopf.

Tobias hat ihm den Ball hoch zugespielt. Aber Niklas hat das nicht mitbekommen.

Jetzt taumelt er und hört von irgendwo Tobias' Stimme.

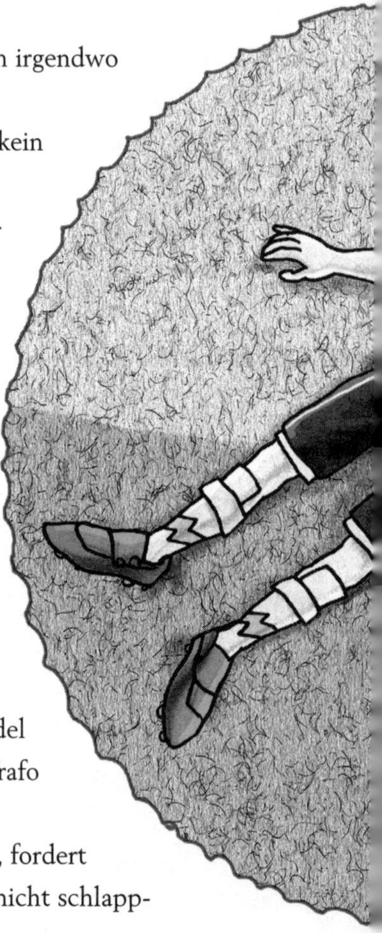

„Aufwachen, Niklas! Das ist kein Traum. Wir spielen!"

Auch der Trainer ruft irgendwas. Niklas sieht ihn gestikulieren, aber er kann nicht hören, was er sagt.

Niklas' Gegenspieler hat sich den Ball geschnappt.

„Hinterher!", ruft ihm Stefan zu. „Schnapp ihn dir!"

Niklas weiß aber noch immer nicht, wo vorn und hinten ist. Er hat das Gefühl, sein Kopf hat die Größe einer Wassermelone. In seinem Schädel brummt es, als hätte er einen Trafo im Gehirn.

„Los, du bist unser Kapitän!", fordert Freddy ihn auf. „Da kannst du nicht schlappmachen!"

In der Ferne ertönt ein Pfiff.

Niklas sieht den Himmel über sich.

Wieso liegt er plötzlich auf dem Rasen?
Über ihn hat sich ein Mann gebeugt. Niklas sieht ihn nur verschwommen. Der Mann hat eine orangefarbene Weste an und hält ihm etwas unter die Nase. Niklas riecht dran. Es stinkt nach Arzt. Aber es hilft. Plötzlich sieht Niklas klar.

„Alles okay?", fragt der Mann. Und zeigt ihm drei Finger. „Wie viele Finger?"
„Fünf", sagt Niklas. „Drei davon ausgestreckt."
Der Mann lacht. „Alles in Ordnung mit dir. Komm, du kannst weitermachen!"
Dann gießt der Mann Niklas etwas Wasser über den Kopf, reibt ihm was Nasses ins Gesicht und zieht ihn hoch. Er steht wieder auf zwei Beinen.
„Boah ey", sagt Stefan. „Voll umgekippt!"
„Du sollst nicht unsere eigenen Spieler abschießen, du Hirni!", schimpft Demir mit Tobias.
„'tschuldigung", sagt Tobias bedrückt.

„War meine Schuld“, gibt Niklas zurück.

Und auch Marco steht plötzlich da.

„Tot?“, fragt er.

„Quatsch“, geht Stefan dazwischen.

„Geht's wieder?“, fragt der Schiedsrichter.

„Ja“, signalisiert Niklas.

„Cool“, findet Freddy. „Das ist ein echter Kapitän!“

Und das aus Freddys Mund! Niklas ist ein bisschen stolz auf sich.

„Okay!“, sagt der Schiedsrichter. „Schiedsrichterball!“

„Das mache ich!“, drängt Freddy sich vor.

Sofort steht er neben dem Schiedsrichter. Ihm gegenüber ein italienischer Spieler. Der Schiedsrichter lässt den Ball genau zwischen ihnen aufprallen.

Freddys Reaktion ist schneller. Blitzartig hat er sich den Ball geangelt und gibt ihn sofort weiter an Niklas.

Niklas ist wieder drin im Geschehen. Er sprintet, grätscht, kämpft, dribbelt, spielt. Fast wie im Rausch. Auf so einem Rasen spielt es sich einfach prächtig. Und plötzlich hat er die vielen zigtausend Zuschauer ganz vergessen.

Freddy kommt kurz an Niklas vorbei: „Alter, die nächste Flanke halbhoch, okay? Dann kann ich mal 'nen Fallrückzieher versuchen!“

Freddy will wieder Show machen. Hier natürlich besonders. Vor so vielen Zuschauern.

„Mach keine Mätzchen, Freddy“, warnt Niklas. „Nimm den Ball, wie er kommt, und semmel ihn rein, okay! Dann sorg ich auch dafür, dass du in die Zeitung kommst!“

„Echt?“, fragt Freddy.

„Nun spiel endlich!“

Freddy spurtet sofort wieder in die Mitte.

So ein Spinner, denkt Niklas. Weiter kann er nicht denken. Denn er bekommt den Ball. Diesmal hat er aufgepasst. Läuft nach außen, die Linie entlang. Sein Gegenspieler ist langsamer als er, merkt er. Also kann er weiterlaufen. In der Mitte winkt Freddy wie wild.

Niklas flankt.

Halbhoch kommt der Ball. Das wollte er gar nicht. Aber weil das Feld größer ist, verliert er unterwegs an Höhe.

Mist, denkt Niklas.

Doch Freddy scheint zufrieden, setzt tatsächlich einen Fallrückzieher an.

Und er gelingt ihm.

Mit voller Wucht erwischt Freddy den Ball auf dem Spann.

Der Ball zischt ins obere Eck. Bei ihren Toren zu Hause wäre er locker drüber weggefegt, aber hier sitzt er. Der Ball zappelt im Netz. Und Freddy flippt völlig aus.

„Jaaaaaaaaaaaaa!“, brüllt er. „Jaaaaaaaaaaaaaaaa!“

Freddy spurtet vom Platz direkt zur Tribüne und jubelt den schmunzelnden und lachenden Zuschauern zu, die ihm Beifall spenden. Einige Fotografen klicken sogar mit ihren Kameras.

Vielleicht kommt er in die Zeitung, denkt Niklas. Freddy, der Spinner.

1:0 gegen die Italiener.

Aber die stecken nicht auf. Im Gegenteil. Die sind von

einem anderen Kaliber als die Gelben im Pokalendspiel. Die Italiener wirbeln auf dem Spielfeld herum und passen sich die Bälle blitzschnell zu. Besonders der kleine Marco ist überall zu sehen.

Das Schwierigste: Man kann nicht verstehen, was sie sich zurufen. Man kann es zwar hören, aber natürlich sprechen sie italienisch. Alles Mögliche können sie absprechen. Ob einer lang geht, wer wen decken soll, wohin sie einen Freistoß schießen wollen. Und sie verstehen nichts. Nicht ein Wort.

Umgekehrt ist es anders. Zwei der Italiener haben mal in Deutschland gewohnt. Sie verstehen alles, was Niklas und seine Mannschaftskollegen sich zurufen, und sie übersetzen es schnell für ihre Leute.

Und so bekommen sie zu spät mit, wie die beiden Außenstürmer ihre Positionen wechseln. Ehe Tobias das merkt, stehen beide frei. Marco passt den einen an, der läuft auf Heiko zu, der in seinem großen Tor so hoffnungslos steht wie eine Ameise vor einem Scheunentor. Der Italiener sucht sich seelenruhig die Ecke aus.

1:1.

„Die Tore sind so groß!", jammert Heiko.

„Macht nichts", klatscht Freddy in die Hände. „Die packen wir!"

Doch ehe Freddy oder sonst jemand irgendjemanden packt, sind die Italiener schon wieder am Zuge.

Ein paar Zurufe. Verwirrung im Strafraum.

Zack.

1:2.

Und dann ist das Spiel auch schon aus.

Niemals können das 30 Minuten gewesen sein, denkt Niklas. *Eher fünf oder höchstens zehn Minuten.*

Aber der Schiedsrichter wird es wohl besser wissen.

Niklas und die anderen stehen mit hängenden Köpfen da, während die Italiener eine Siegerrunde um das ganze Spielfeld laufen. Das Publikum applaudiert den ‚kleinen Helden'.

Ihren Auftritt im Stadion hatten sie sich in ihren Träumen am Ende als Siegermannschaft ausgemalt. Verlierer sein ist einfach doof. In den Rängen singen sich die Fan-Chöre schon mal warm.

„Itaaalia-Itaaaalia"- und „Deutschland-Deutschland"-Rufe von überall. Während die Jugendtore abgebaut und die Kreidelinien weggespült werden, kommen schon die ersten Mädchen-Tanzgruppen aufs Feld. Sie unterhalten das Publikum für die nächste halbe Stunde. Danach läuft der Countdown zum sportlichen Höhepunkt.

„Hey Jungs, was ist denn mit euch los?" Der Trainer kommt auf das Feld und ruft: „Alle mal sofort zu mir!"

Die meisten kommen mit hängenden Schultern zu ihm. Enttäuscht über die Niederlage, wagen die Jungs kaum den Trainer anzuschauen.

„Jungs, damit eins klar ist. Ihr habt gut gespielt. Ihr habt heute euer Bestes gegeben. Und hat es etwa keinen Spaß gemacht?"

Jetzt schauen alle Jungs hoch. Solche Töne sind sie vom Trainer wirklich nicht gewohnt.

„Die anderen waren heute besser, na und? Es gibt keinen Grund zum Köpfe-hängenlassen! Wisst ihr, wie viele Jungs euch um diesen Auftritt hier beneiden? Und gleich führt ihr die Stars hier rein. Also bedankt euch bitte auch beim Publikum und macht eine kleine Runde, und danach zügig in die Kabinen. Beeilt euch! Duschen könnt ihr zu Hause! Zieht euch um, die neuen Trikots liegen schon bereit!“

Mit dieser Ermunterung im Rücken treten die Jungs leichtfüßig eine kleine Dankeschön-Runde an.

Immerhin gibt es die Chance für eine Revanche im Herbst.

Zurück in der Kabine, liegen auf den Bänken die Trikots bereit. Jedes Trikot hat vorne und hinten den Namen der Träger. Niklas hat sein Trikot sofort entdeckt. Xavier-Alexandre hat etwas Pech. Seinen Namen konnte man nur ganz klein drucken, damit er ganz draufpasst. Und Freddy ist mit dem Friedrich-Trikot auch nicht zufrieden. Niemand nennt ihn so.

„Tempo, Tempo, Jungs!", hört man den Trainer schon, noch bevor er ganz im Raum ist. „Jetzt keine Zeit verlieren. Das mit den Namen hat sich der DFB ausgedacht. So können euch die Spieler ansprechen, wenn sie was von euch wollen, und so wissen sie auch, von wem der Ball zurück ins Spiel geworfen wird. In zehn Minuten erwarte ich euch hier komplett zum Abmarsch. Und dann treffen wir uns mit den Stars in den Katakomben. Jeder führt den Spieler ins Stadion, der sich gerade neben ihn stellt."

Schade, dann wird das wohl nichts mit Michael Ballack, denkt Niklas.

Alle stehen pünktlich bereit. Rudi schnürt noch seine Schuhe. Heiko hat seinen Kopf unters Wasser gehalten, sein Trikot ist ganz nass. Er redet und redet, aber niemand hört ihm zu. Freddy kämmt seine Haare und Stefan schreibt noch eine SMS. Aber alle stehen bereit, als der Trainer reinkommt.

„Jetzt hat jeder noch eine Sekunde. Also Handys weg, Bürsten weg, Taschen verstauen und los geht's." Der Trainer führt die Jungs durch die langen hellen Gänge der Stadionkatakomben. Vorbei an Türschildern wie „Presse“, „Catering“, „Physio“, „Management“ zum „Forum“. Hier versammeln sich die Profis der jeweiligen Mannschaften, kurz bevor sie das Spielfeld betreten.

Wie im Fernsehen, denkt Niklas.

Sie stehen dort schon fast in Reih und Glied und tippeln vor sich hin. Sie schauen den Jungs gar nicht in die Augen, sie schauen irgendwohin. Genauso kann man es manchmal im Fernsehen beobachten. Aber das hier ist kein Monitor, das hier ist ganz nah und ganz echt.

„Da bist du ja“, hört Niklas von hinten eine Stimme. „Bringst du mich ins Stadion?“

Niklas dreht sich um und …

Michael Ballack!

„Du hast die Jungs also hierhergebracht?“

Niklas steht regungslos vor ihm.

„Na ja, so hat es eure Stadtteilzeitung geschrieben. Eure Vereinsleitung hat uns den Zeitungsartikel geschickt.“

Jetzt klickt es bei Niklas. Ballack spricht vom Pokal-Entscheidungsspiel gegen die Briefkästen!

„Es sind doch immer alle, die das erreicht haben“, sagt Niklas voller Überzeugung.

„Klar, du hast Recht, es gehören immer mindestens elf dazu“, antwortet Ballack.

„Ich wollte gar nicht, dass die mich einzeln aufs Foto nehmen“, fügt Niklas noch hinzu.

„Leider sind die Zeitungsleute manchmal schwerhörig oder

vergesslich. Jetzt wäre es sehr schön, wenn du mir die Daumen drückst. Man kann gar nicht genug Glücksbringer haben."

Glücksbringer?

„Sie haben einen Glücksbringer?", fragt Niklas erstaunt.

„Klar, ohne den läuft gar nichts."

„Was für einen Glücksbringer haben Sie denn?"

Ballack schaut Niklas von der Seite an und zwinkert. „Das werde ich dir nicht sagen. Manchmal ist es besser, wenn niemand weiß, was dein Glücksbringer ist."

„Aber ein Opa darf das doch wissen, oder?", fragt Niklas verunsichert.

„Klar. Aber jetzt geht's los. Du denkst ans Daumendrücken, ja?"

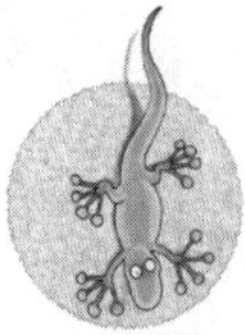

„Klar!", verspricht Niklas.

Ballack nimmt Niklas an die Hand. Niklas träumt und will nicht wieder wach werden.

Jetzt sehen sie schon das Grün und eigentlich ist das hier gerade etwas verkehrte Welt. Nicht Niklas führt Ballack, sondern Ballack führt Niklas raus.

Der Lärm ist jetzt noch viel größer als beim Vorspiel, die Kulisse tobt wie verrückt. Überall sind Leute mit Kopfhörern, Kameras, Mikrofonen. Fotografen und Sicherheitspersonal. Überall!

Ballack ist jetzt sehr ernst und sagt nur noch kurz „Danke", als die Spieler ihre Position mit den Jungs erreicht haben. Dann werden die Jungs von Helfern am Spielfeldrand auf ihre Positionen als Balljungen gebracht.

Die Hymnen der beiden Länder Italien und Deutschland werden gespielt. Die zwei großen Anzeigetafeln im Stadion übertragen die Fernsehbilder. Millionen Zuschauer können den Spielern an den Fernsehern und hier im Stadion fast in die Augen und auf die Lippen schauen. Niklas sieht die Bilder auf der Anzeigetafel. Außerdem sieht er beide Mannschaften in einer langen Reihe schräg von hinten.

Die Seiten werden ausgelost.

Niklas' Position für seine Aufgabe als Balljunge ist ungefähr auf der Höhe des Elfmeterpunktes auf der Seite des deutschen Tores.

Die Deutschen nehmen im ersten Durchgang das Heft in die Hand und erspielen sich die besseren Chancen, scheitern aber mehrfach am italienischen Torhüter.

Als sich alle schon mit einer torlosen Halbzeit abfinden, schlagen die Italiener zu. Nach einem Foul von Philipp Lahm an Gattuso entscheidet der Schiedsrichter auf Freistoß, der die Deutschen ins Hintertreffen bringt.

In der zweiten Halbzeit übernehmen die Deutschen gleich wieder die Initiative, während die Italiener, angeführt von Francesco Totti, auf Konter lauern. Angefeuert von 34 000 deutschen und 16 000 italienischen Fans bleibt das Spiel spannend. Ein grober Torwartfehler bringt die Deutschen in Führung. Ein sogenannter Warnschuss verwandelt sich zum Ausgleichstor. Torschütze: Podolski.

In der 82. Minute sind die Rollen umgedreht. Der in der ersten Halbzeit gefoulte Gattuso foult selbst, der Ball geht direkt bei Niklas ins Aus. Gattuso provoziert mit seinem Foul einen Freistoß aus 20 Meter Entfernung. Niklas holt den Ball schnell, um ihn ins Spiel zurückzubringen. Inzwischen hat sich Ballack zum Freistoß bereitgestellt. Niklas wirft den Ball mit viel Kraft und viel Wunschenergie zu ihm.

Gar nicht so einfach, denn Niklas ist wahnsinnig aufgeregt. Was könnte nicht alles schiefgehen? Er könnte stolpern, der Ball könnte ihm aus den Händen flutschen und vor seine eigenen Füße fallen, er könnte die Linie übertreten, der Ball könnte vom Wind abgefälscht werden und alle denken, Niklas kann nicht werfen.

Der Ball landet nur etwa zwei Meter von Ballack entfernt, der ihn sofort zum vom Schiedsrichter angezeigten Freistoßpunkt legt. Dort dreht Ballack den Ball hin und her und dreht und dreht …

Was geht jetzt in Ballacks Kopf vor sich? Alle Menschen schauen jetzt nur auf ihn. *Wie kann Ballack da Ruhe bewahren? Sein Glücksbringer wird ihm dabei helfen*, denkt Niklas. Hat Ballack erkannt, dass Niklas ihm diesmal den Ball zugeworfen hat? Hat er gespürt, dass in diesem Wurf ganz viel Wunschenergie war?

Alle im Stadion, auf dem Platz und an den Monitoren zu Hause wissen: Das kann die spielentscheidende Situation sein. Das ganze Stadion fiebert mit. Niklas schickt ganz viel Wunschenergie zu Ballack, damit sein Schuss ein voller Erfolg wird.

Ballack steht bereit, der Schiedsrichter gibt das Spiel wieder frei und Ballack schießt den Ball direkt. Er trifft den linken Innenpfosten, von wo er unhaltbar für den italienischen Keeper hinter die Torlinie prallt. Der Schiedsrichter entscheidet auf Tor. Das Stadion vibriert. Der Keeper protestiert und schimpft. Es ist schwer zu erkennen, ob er mit seinen Vorderleuten schimpft oder ob er sich über sich selbst ärgert.

Niklas freut sich riesig. Er war der Letzte, der den Ball vor Ballacks Treffer berührt hat.

Zu Hause steht gerade ein Fahrradkurier mit einer großen Plastiktasche auf dem Rücken vor dem Haus, in dem Niklas' Familie wohnt. Er sucht bei den Klingeln. Und gerade als Niklas mit seinem Fanclub am Eingang ankommt, drückt der Mann bei Högenbart.

„Högenbart? Das sind wir. Warum klingeln Sie bei uns?", fragt Niklas neugierig.

„Ich habe hier eine Sendung für …", der Fahrer schaut noch mal nach, „für Niklas Högenbart. Eine Eilsendung, darum auch per Kurier."

„Von wem ist sie denn?", fragt Niklas. „Ich kann nur Ballack erkennen. Aber das ist bestimmt nicht unser Michael Ballack. Es gibt ja viele Ballacks."

Sein ganzer Fanclub grinst.

Niklas öffnet den Briefumschlag schon unten vor dem Eingang.

Darin findet er einen Zettel, auf dem oben das DFB-Logo aufgedruckt ist.

Darunter liest er:

Lieber Niklas!
Du hast es ja erlebt. Dein Daumendrücken hat geholfen!
Mein Glücksbringer hat auch seinen Teil dazu getan.
Als kleines Dankeschön schicke ich Dir zwei Eintrittskarten für das Eröffnungsspiel der Fußball-Europameisterschaft in Basel.
Viel Spaß beim Zuschauen wünscht Dir

Micha

„Wow, super, spitze!", ruft Niklas ganz aufgeregt und fuchtelt wild mit den Eintrittskarten in der Luft rum. „Papa! Hier sind sie! Jetzt haben wir sie doch!"

An diesem Abend geht Niklas sehr früh ins Bett. Und träumt.

Vom Fußball. Und sonst gar nichts!

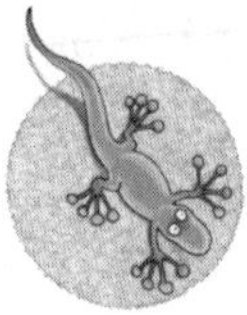

Guido Buchwald

* 24. Januar 1961
Größe: 188 cm

1990 Weltmeister mit Deutschland
EM: 1992 Platz 2 mit Deutschland
UEFA-Cup: 1989 Platz 2 mit VfB Stuttgart
DFB-Pokal: 1986 Platz 2 mit VfB Stuttgart
1984 und 1992 Deutscher Meister mit VfB Stuttgart
Stationen als Vereinstrainer:
2003-2006 Vereinstrainer in Japan (Urawa Red Diamonds)
2007 Vereinstrainer 2. Liga Alemannia Aachen

Liebe Leser, liebe Fußballfans!
Fußball und sonst gar nichts! Wer von uns Fußballfans kennt nicht dieses Gefühl? Am liebsten möchte man nichts anderes mehr tun. Nur her mit dem Ball, raus auf den Platz – und loskicken.
Einfach toll.
Doch irgendwann merkt man, so ganz reicht es dann doch nicht. Man möchte besser werden, Tricks können, gute Pässe schlagen, Tore schießen, in einer Mannschaft spielen und dort auf gar keinen Fall auf der Ersatzbank sitzen.
So wie Niklas in diesem Buch. Und genau wie er müssen wir alle irgendwann lernen, dass dann doch noch ein wenig mehr dazu gehört. Denn das A&O eines guten Fußballers heißt: üben, üben, üben. Auf dem Schulhof, auf der Wiese, auf dem Bolzplatz, und vor allem im Training mit anderen zusammen.
Denn Fußball ist ein Mannschaftssport. Und das heißt eben auch, sich gut zu verstehen mit den mindestens zehn anderen in der Mannschaft. Nicht nur auf dem Platz, sondern auch darüber hinaus. Schon viele große Clubs oder auch Nationalmannschaften sind untergegangen, weil

aus den elf Einzelspielern keine Mannschaft geworden ist. Wichtig sind Verlässlichkeit, Freundschaft und dass einer für den anderen da ist, wenn er Hilfe braucht. So wie Niklas und Tobias in diesem Buch. Die zusammen Siege feiern oder sich trösten, wenn sie gemeinsam verlieren. Denn auch die Niederlage gehört zum schönsten Spiel der Welt. Ich habe in meinem ganzen Fußballerleben aus den Niederlagen immer mehr gelernt als aus den Siegen. Das heißt nicht, dass ich gern verliere. Niemand tut das. Aber es gehört dazu. Eine Niederlage ist nie eine Katastrophe, sondern ein Schritt, um gemeinsam besser zu werden. Und besser wird man, wenn man nicht nur den Ball und sich selbst sieht, sondern auch alles drum herum. Seine Freunde nicht vergisst, die Schule nicht vernachlässigt, darauf achtet, was man isst, und sich neben dem Fußball auch mit anderen Dingen beschäftigt.
Das klingt jetzt sehr ermahnend. Aber als Spieler und vor allem auch als Trainer weiß ich: Wer gerade eine Sechs in der Klassenarbeit kassiert hat, der hat auch nicht den Kopf frei, auf dem Platz zu glänzen. Wer sich seinen Bauch mit Currywurst und Pommes vollstopft, der stampft hinterher mit schwerem Magen über den Platz wie ein lahmes Walross. Ihr ahnt, was ich meine?
Also, sollten sich eure Eltern und Lehrer plötzlich wundern, wieso ihr euch mit einem Mal in allen Dingen so anstrengt, könnt ihr lächelnd antworten: „Na, für den Fußball – und sonst gar nichts!“

Herzlichst
euer Guido Buchwald

PS: Viele geniale Anregungen und Tipps rund ums Kicken findet ihr kostenlos auf www.FD21.de. FD21 ist eine Initiative zur Förderung junger Fußballer, die ich zusammen mit anderen Welt- und Europameistern, wie z.B. Jürgen Klinsmann und Jogi Löw, gegründet habe. Klickt doch mal rein!